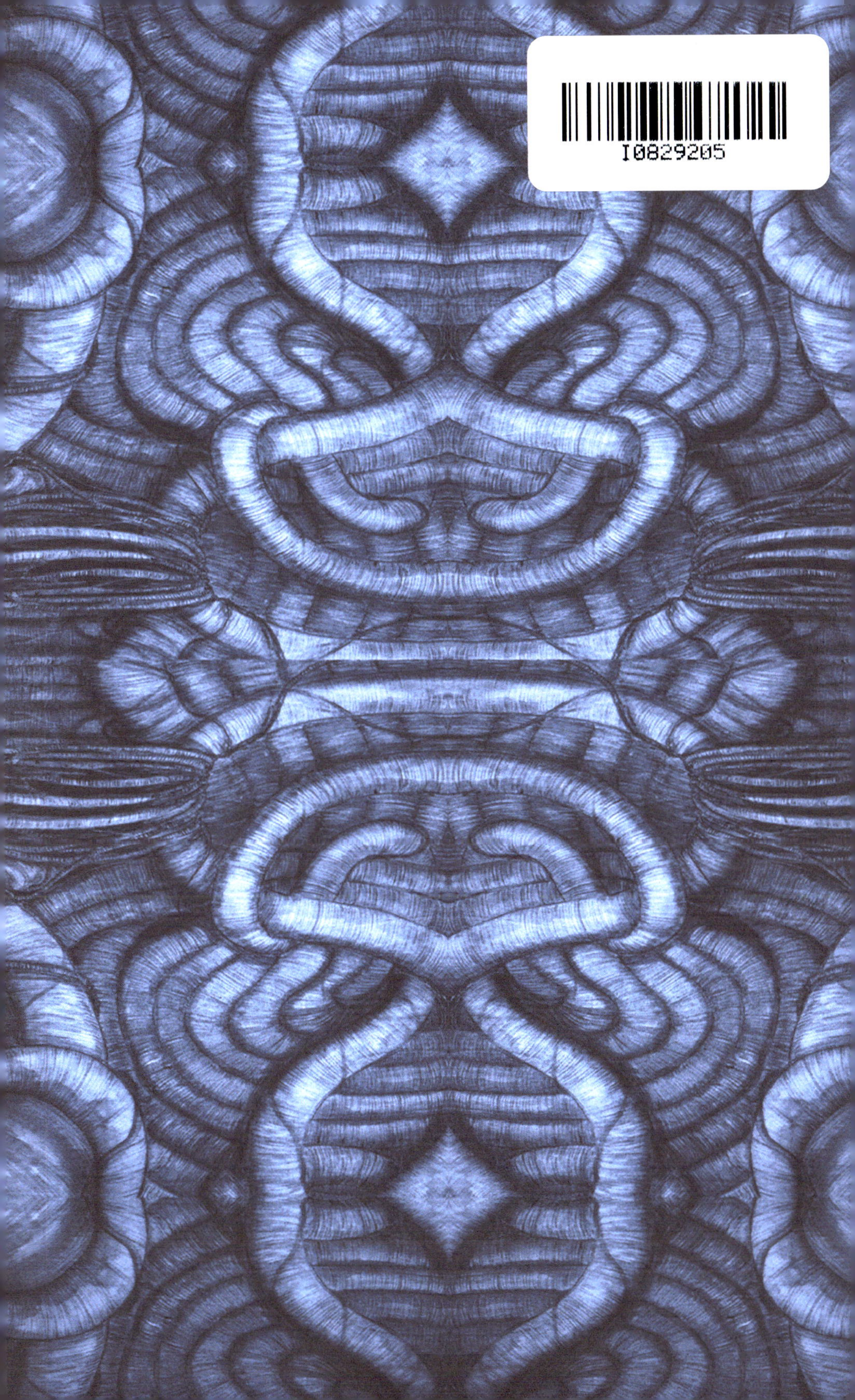
I0829205

ISBN-13: 978-0-9969279-1-8

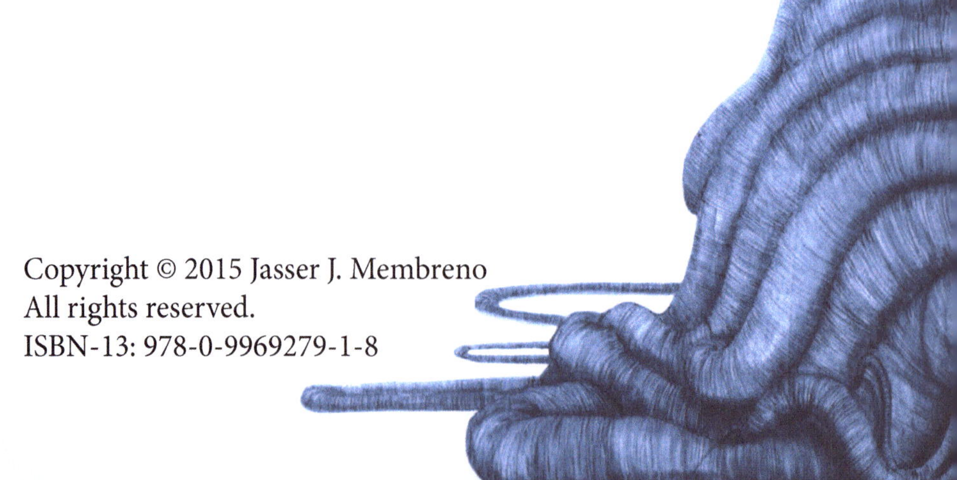

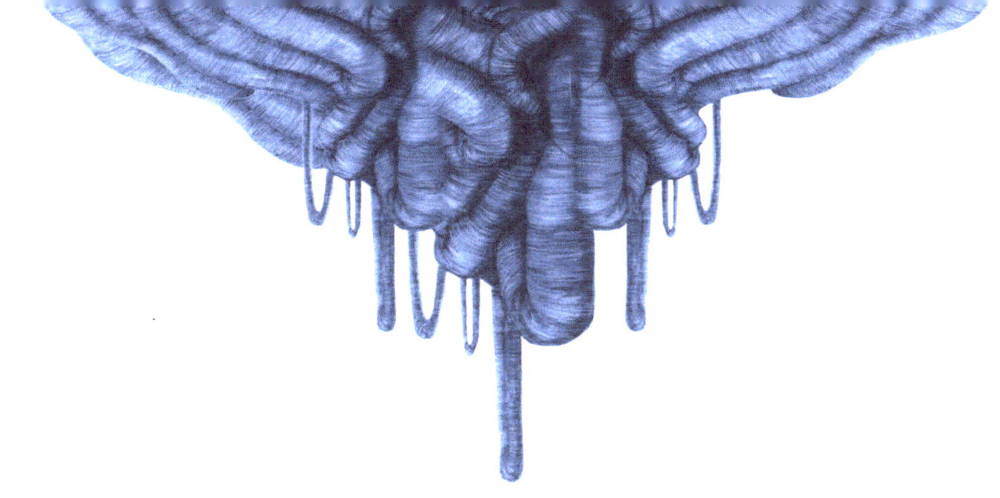

PENSAMIENTOS
THOUGHTS

V.1 Part 2

JASSER J. MEMBRENO

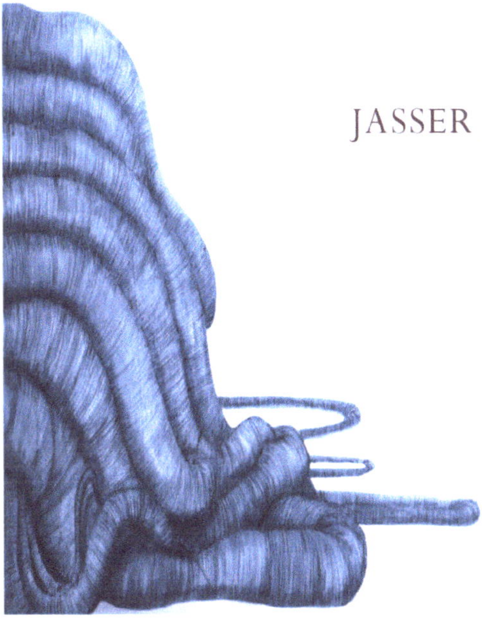

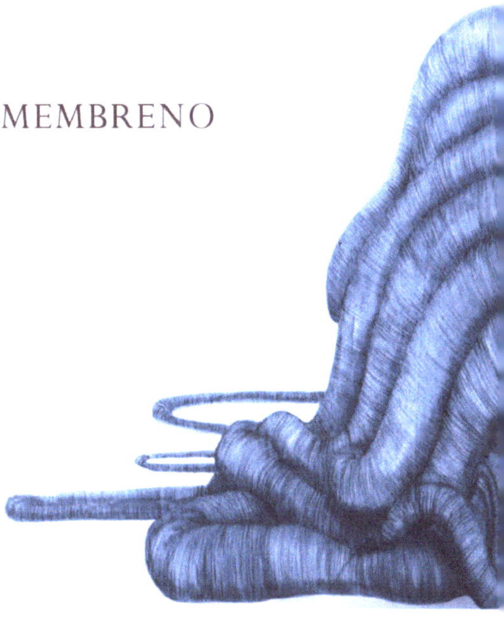

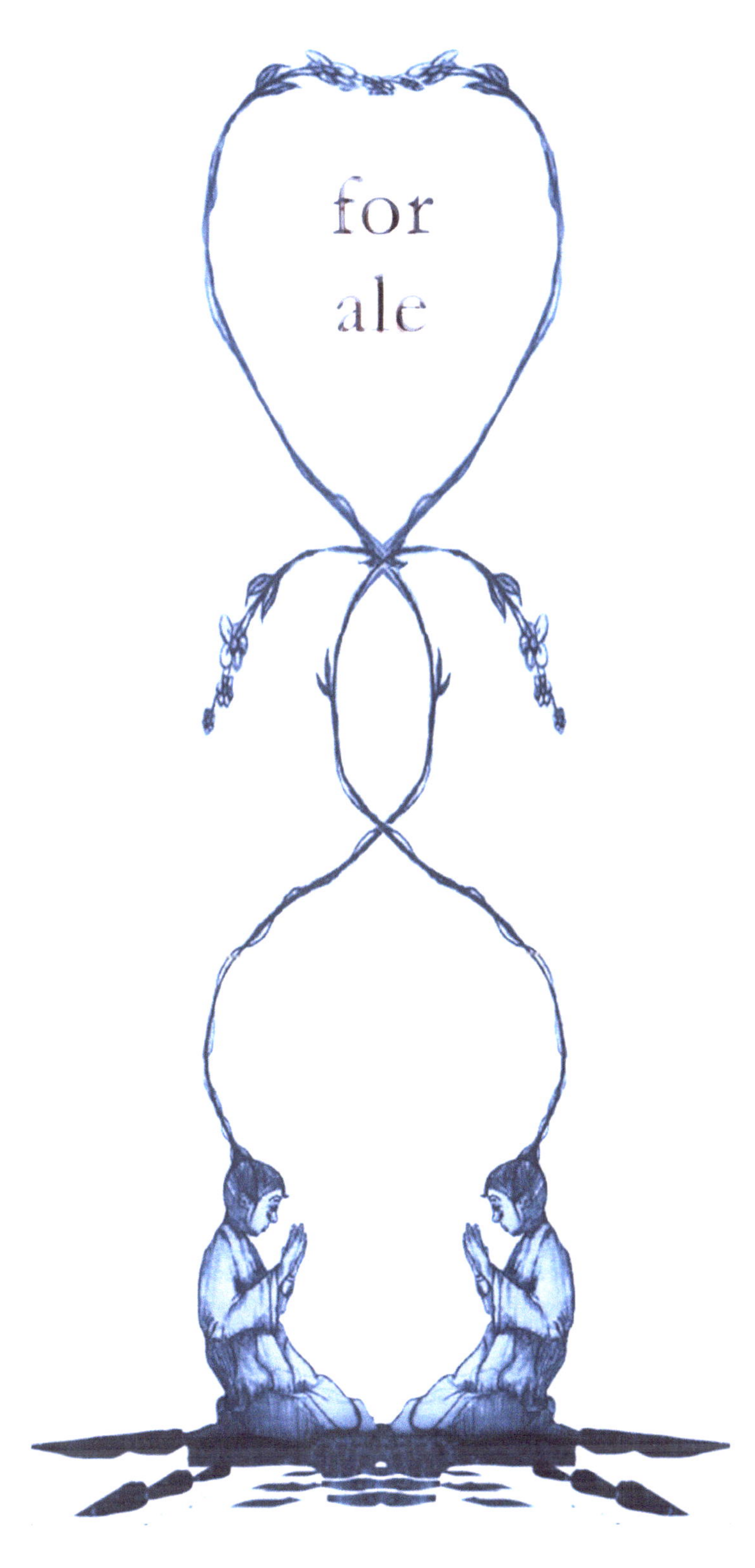
for
ale

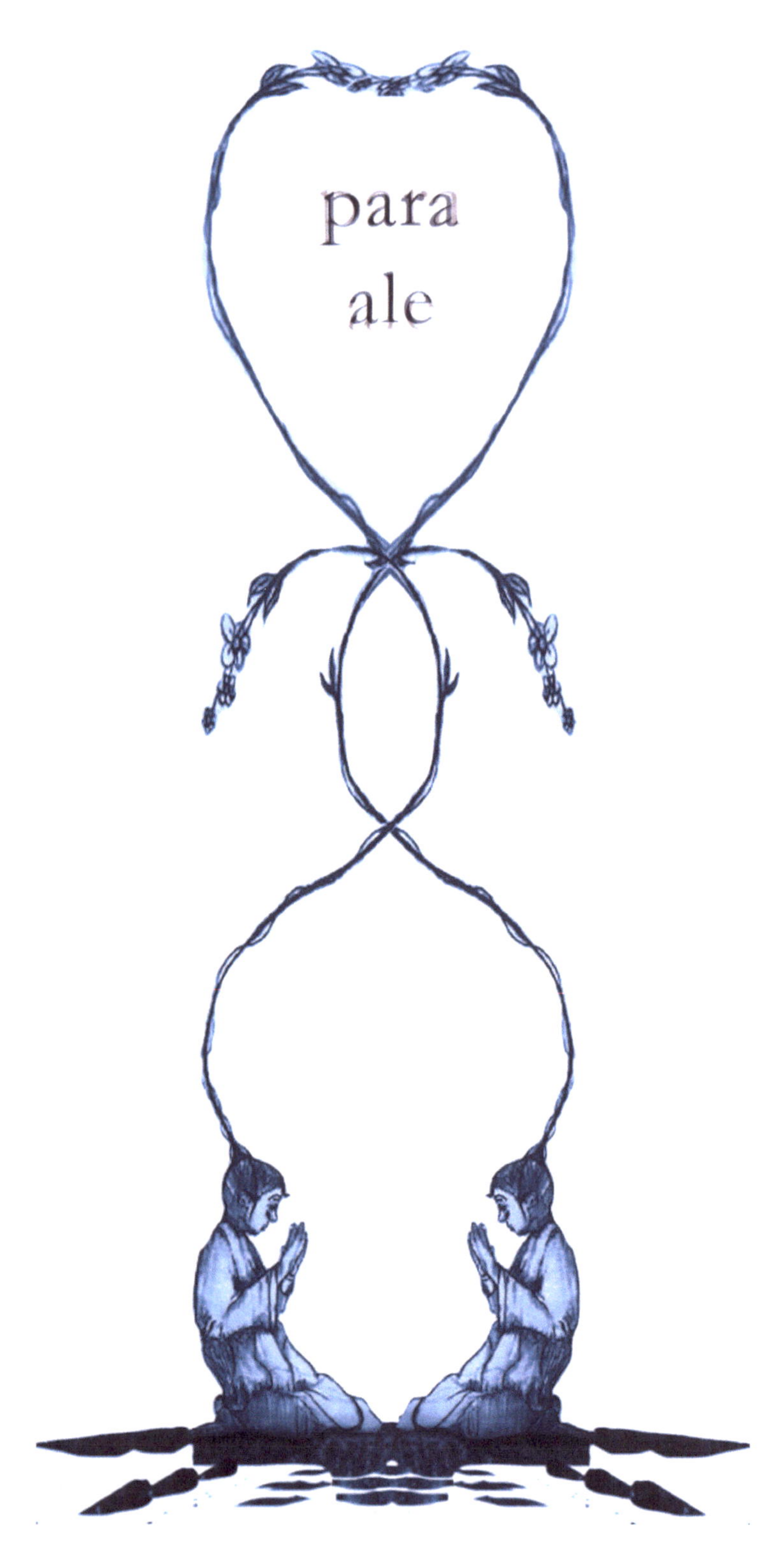
para
ale

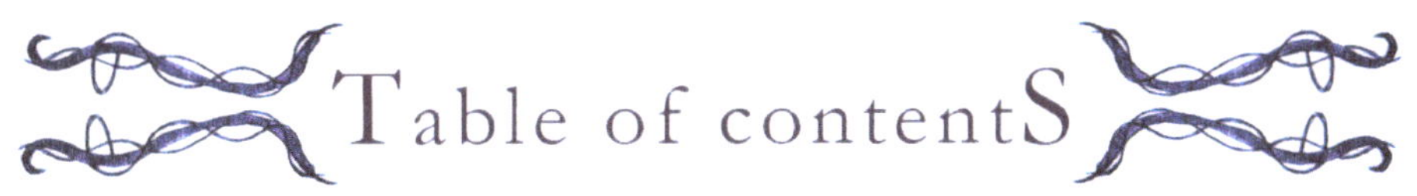

Table of contents

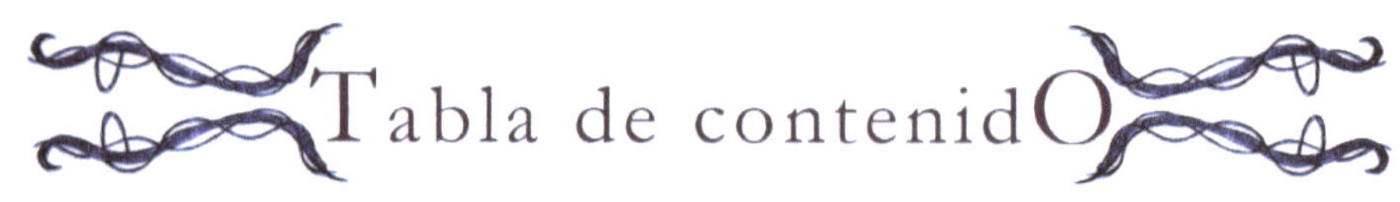

Tabla de contenidO

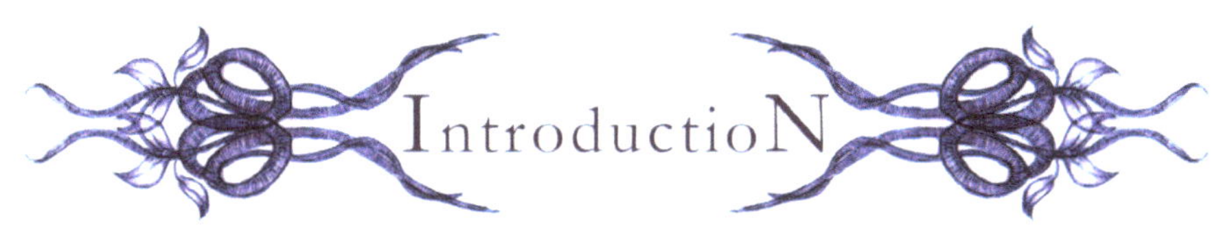

IntroductioN

We are surrounded by images in our daily life as never before. In Jasser Membreno's beautiful book, *Pensamientos,* he relieves our saturation from the dense mundane and lifts us into the heights of human imagination, on a masterful flight to the world of his unique imagery and abstract poetry. It is a journey through his surrealistic narrative without a narrative, with fantastical creatures--reawakening our imagination from the overexposed visual landscape of our bit-filled times to the thrilling recollection of the reality and absurdity of our dream worlds. He reminds us of the vastness of the human mind.

Just like the delightful young wayfarer of the story, on entering this universe you will often find yourself in two places at once, and equally as often in two languages at once. Translated from English into Spanish, laid side by side, Gloria Alvarez has kept the keen sonic sensibility present in Membreno's pointed poetry, at times coy, at times absurd. The ingenuity in text as well as his imagery reveal his deft poetic hand.

Yet throughout the sensual pleasure of its strange images and jarring, mysterious texts, it asks the same questions we have always asked...the exploration; coming-of-age, existential, whimsical, overwrought...We need it.

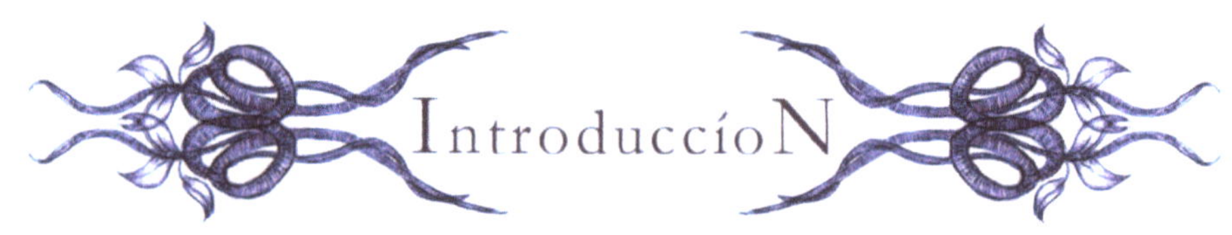

IntroduccíoN

Estamos rodeados de imágenes como nunca antes en nuestra vida diaria. El libro hermoso de Jasser Membreño, *Pensamientos*, alivia nuestra saturación de lo mundano y nos eleva a las alturas de la imaginación humana; un vuelo magistral al mundo de sus imágenes inigualable y poesía abstracta. Es un viaje a través de su narrativa surrealista de criaturas fantásticas--despertando nuestra imaginación superando el paisaje visual sobreexpuesto hacia el recuerdo emocionante de la realidad y lo absurdo de nuestro mundo de suenos. Nos recuerda a la inmensidad de la mente humana.

Al igual que el caminante encantador del cuento, al entrar este universo a menudo se encontrará en dos lugares a la vez e, igualmente tan a menudo, en dos idiomas a la vez. Traducido de Inglés a Español, ambos puesto lado a lado, Gloria Alvarez ha mantenido la sensibilidad sonica presente en la poesía de Jasser Membreño; a veces tímida, a veces absurdo. Lo ingenio en texto, así como las imágenes, demuestran lo habil de su mano poética.

Sin embargo a lo largo de todo el placer sensual de sus extrañas imágenes y textos discordantes y misteriosos, busca contestar eso que siempre hemos preguntado… la exploración; la mayoria de edad, existencial, caprichosa, alterado...lo necesitamos.

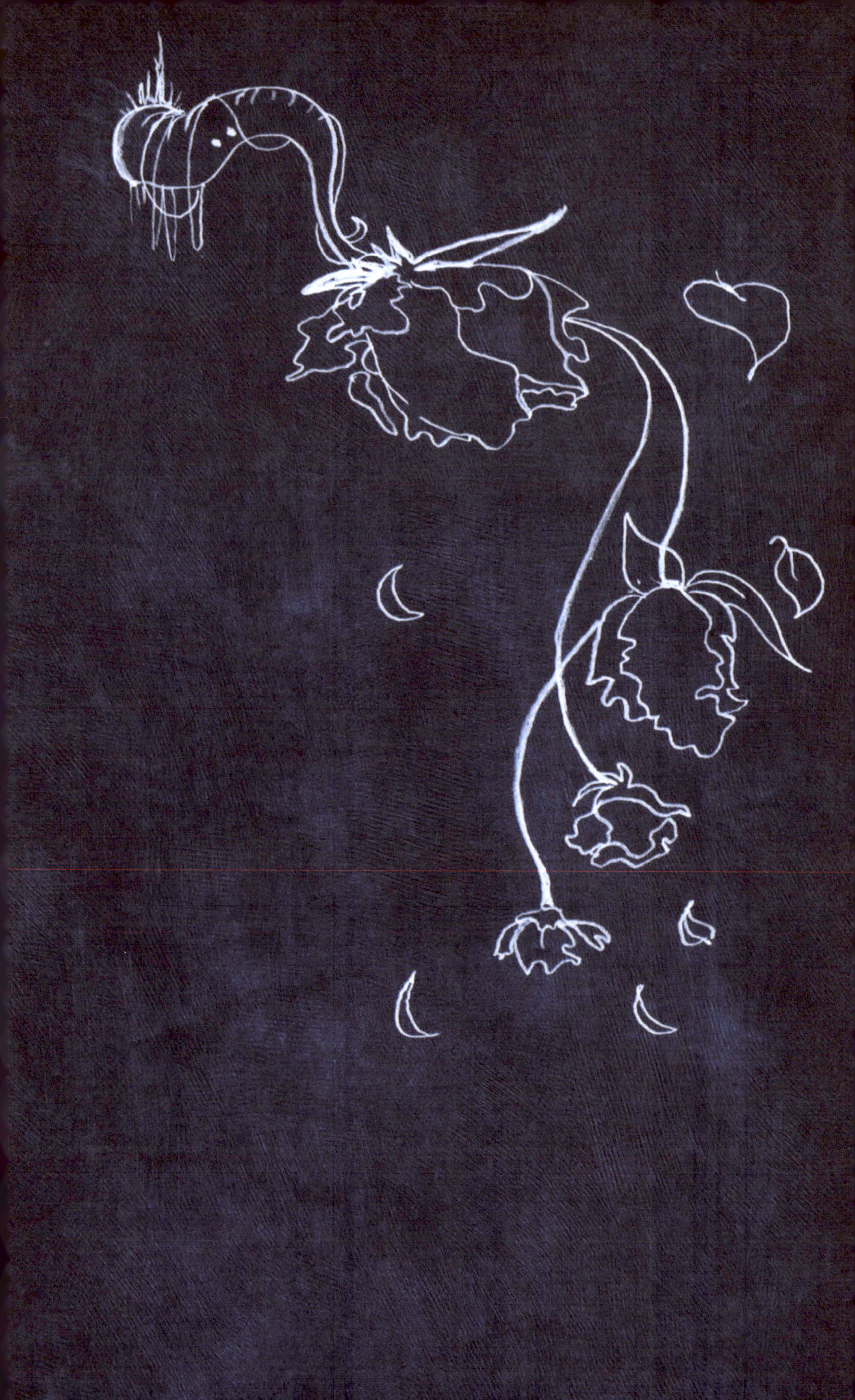

"I try not to paint
a beautiful image..."

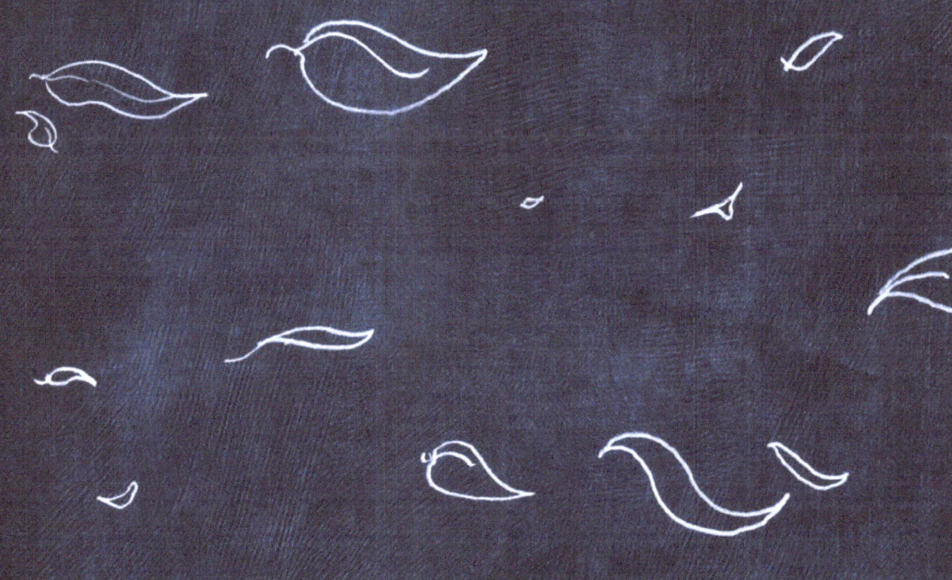

"Trato de no pintar
una imagen hermosa..."

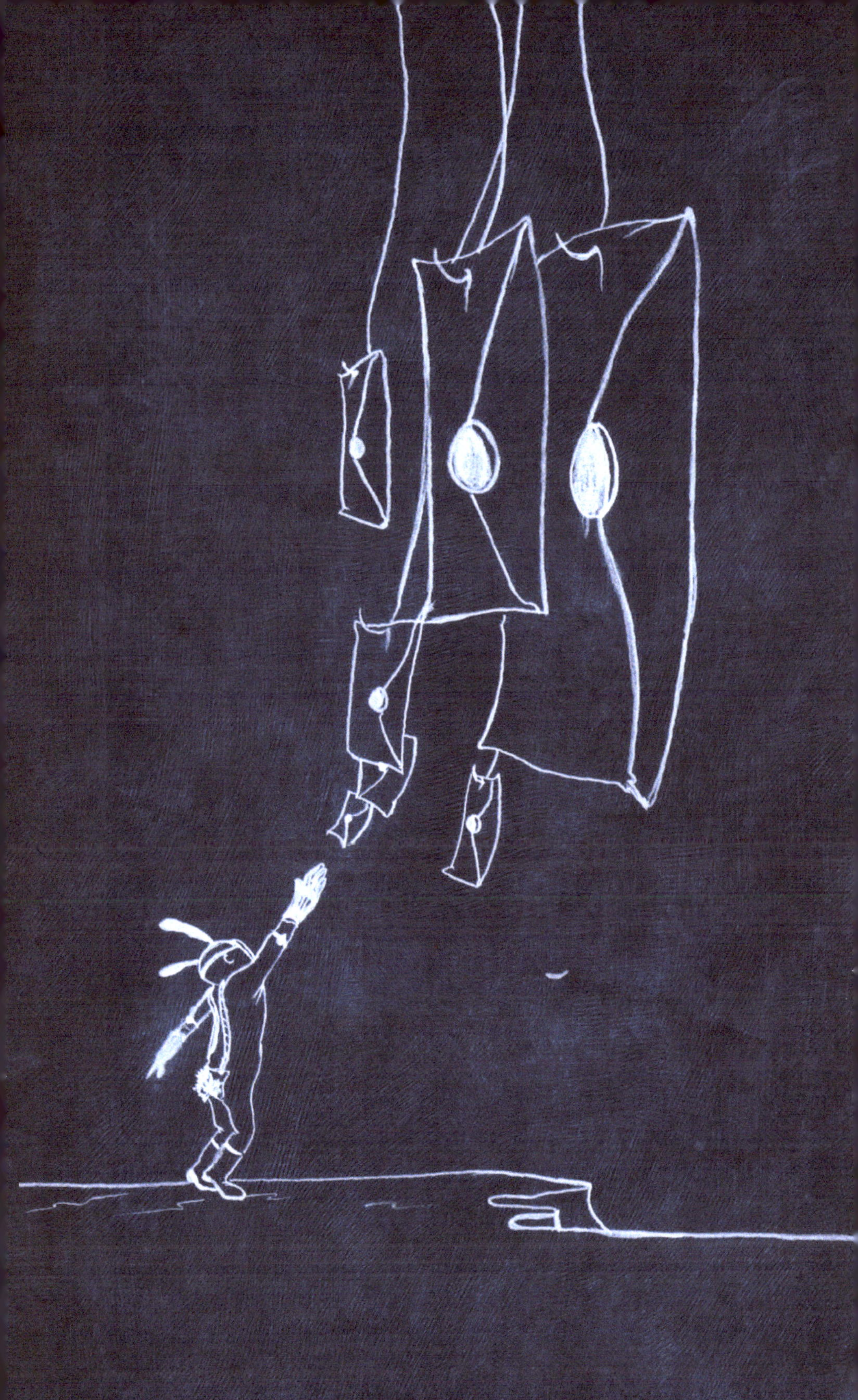

An invitation to enter.

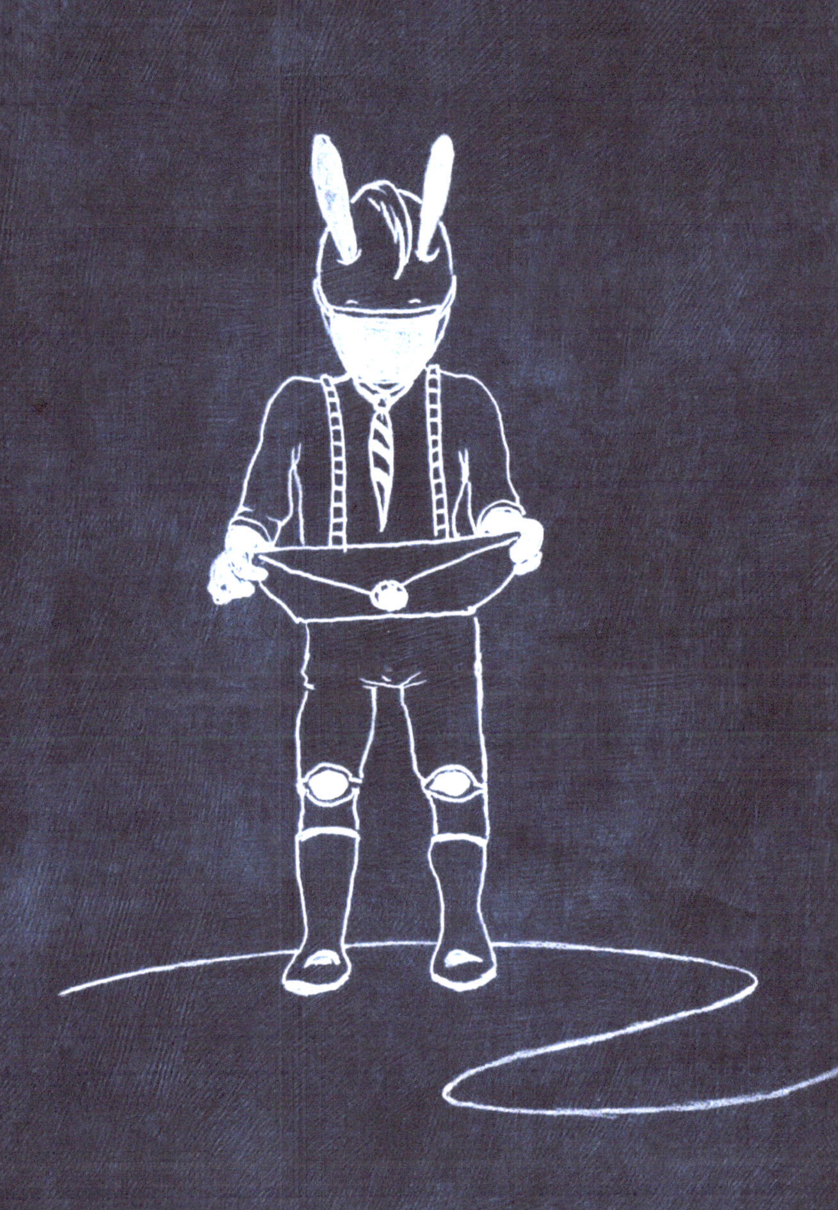

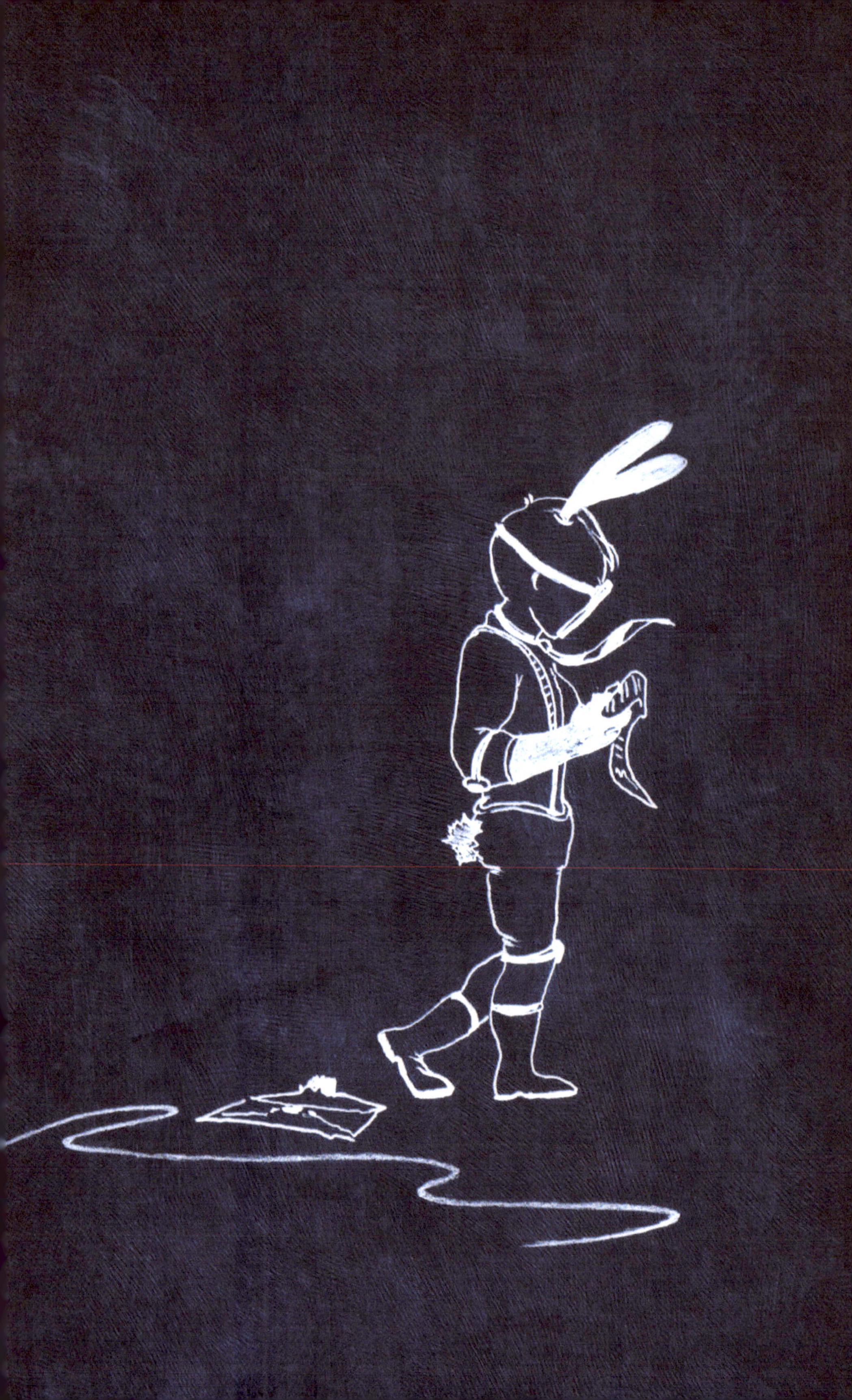

Una invitasion para entrar.

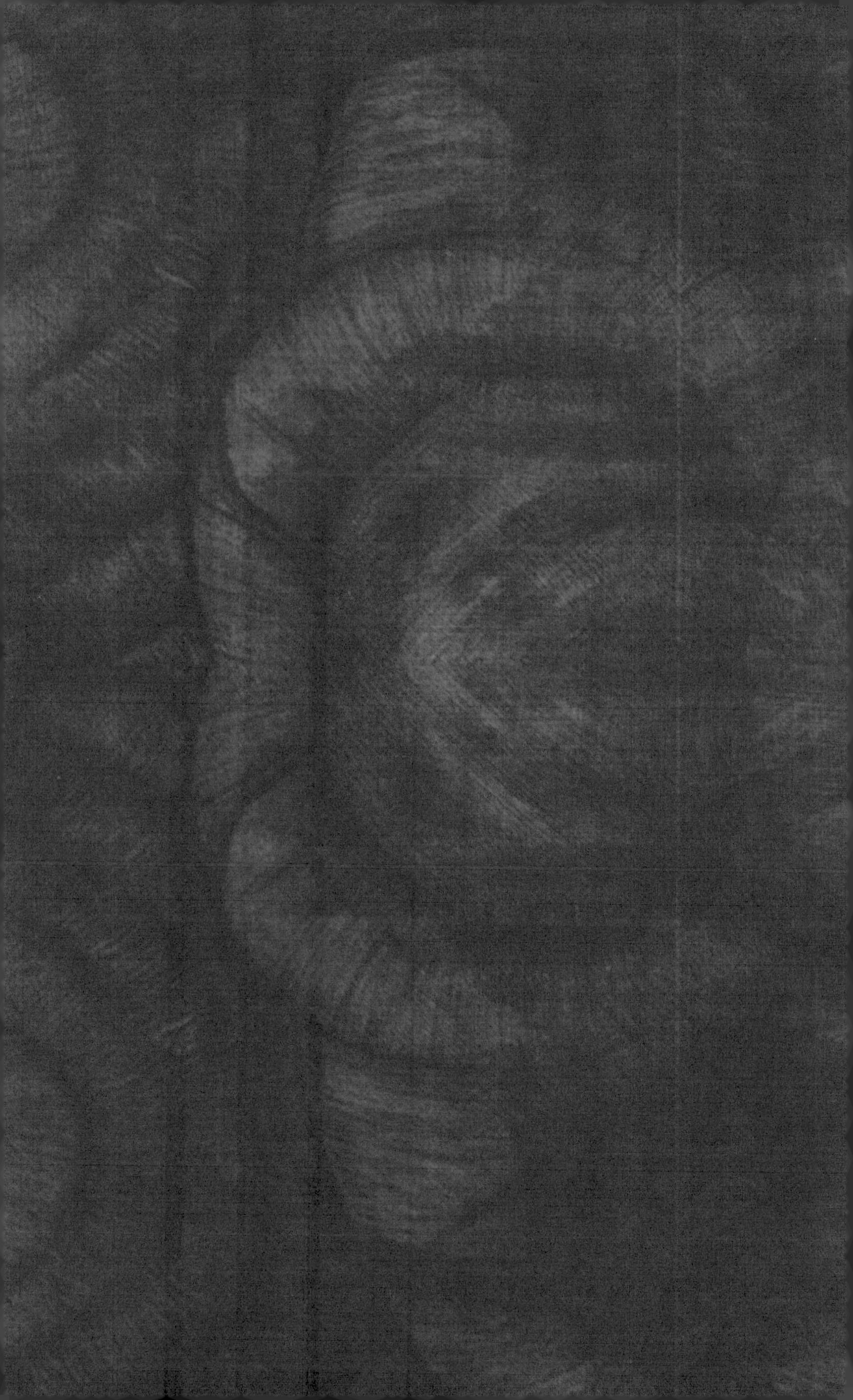

2

The Celebration

La Celebracion

Celebration

for the

mas

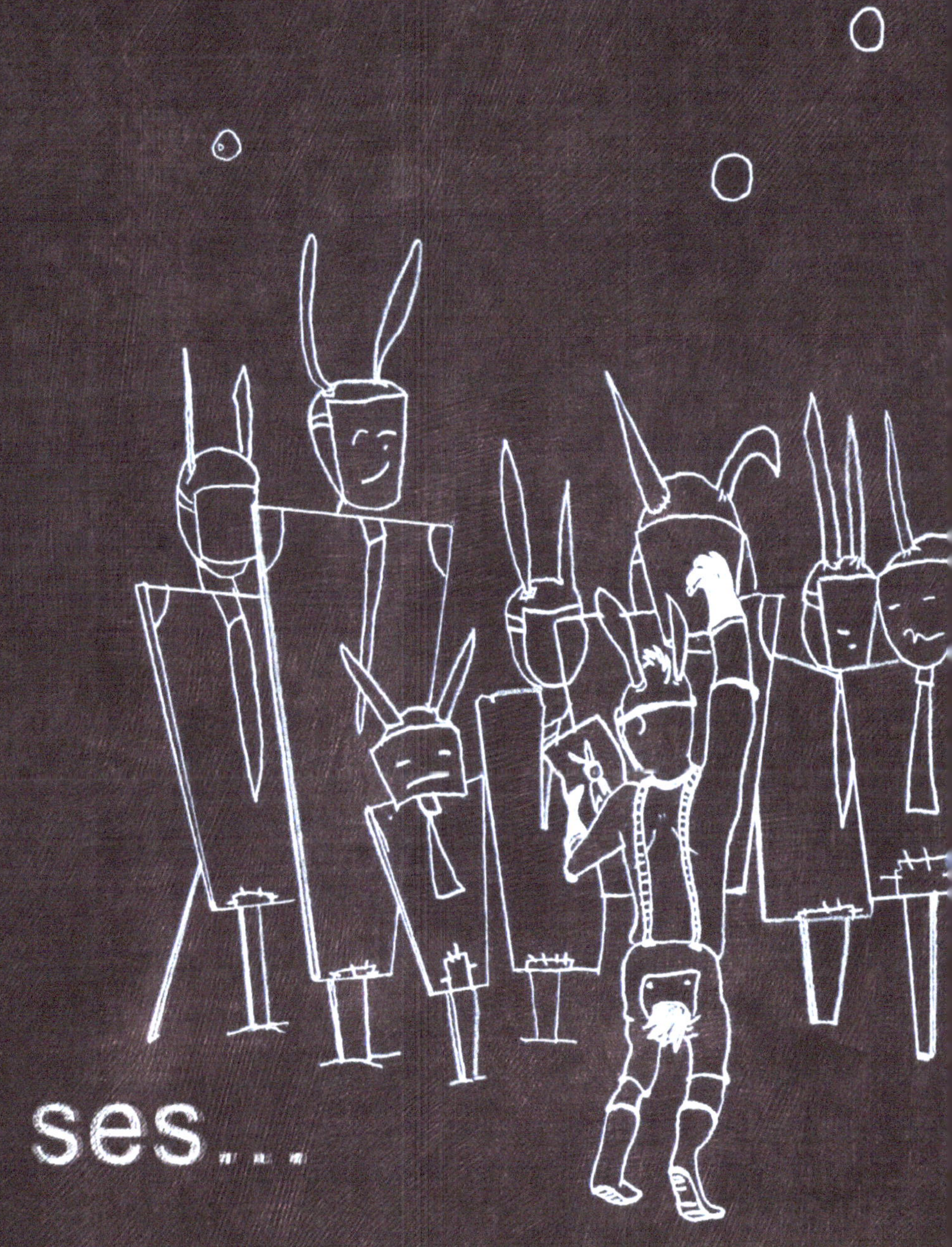
ses...

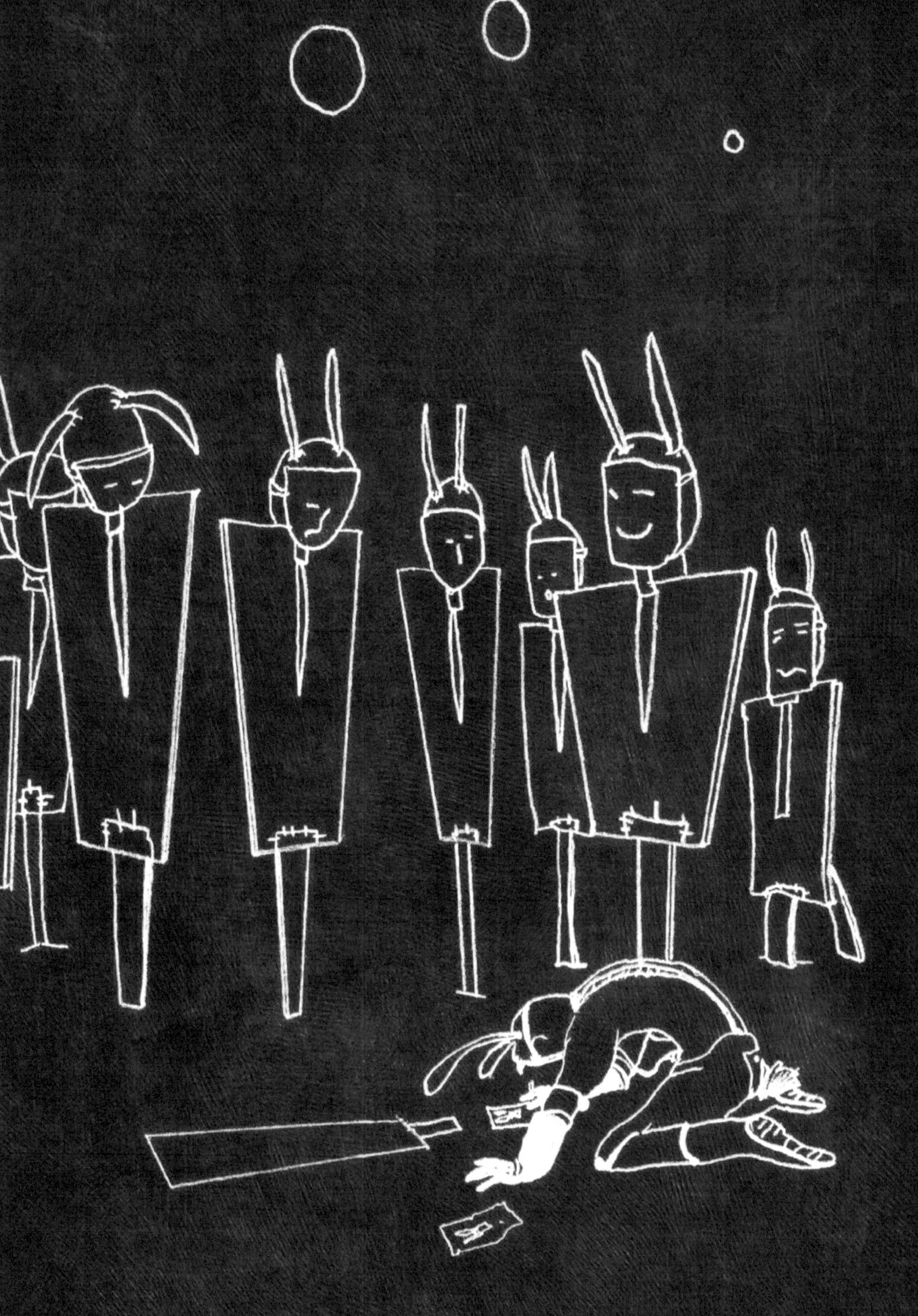

Fiesta celebración

para las

masas...

CheerS!

Rainy day breakfast,
These letters are far too small to read anymore.
Slight bit of disappearance,

Idea of confusing the listener, blurring the eyes of the reader.
Coffee make me bold, but not awake,
A milky stir for a sense of belief, sense of color.

Army boots with high straps,
Titanium metal toe tip, ready for anything,
The eyes of three nations staring at us.

Warm breath of an elderly fruit touching the back of your neck,
Should have worn our antisocial scarf today.

Meanwhile, outside,
Same Sex Parade.
Everyone wears a rainbow mask,
Sponsored by Tequila, Channel 420, and Fat Taco,
Seamstress sews the night back together.

Open your wounds,
Light up the path,
It is okay to bleed in October.

Liberty we can use this week,
This today; in this ghost-like reality.

Clean our teeth, hold the tar,
Take away the syllables that give away our nationalities.

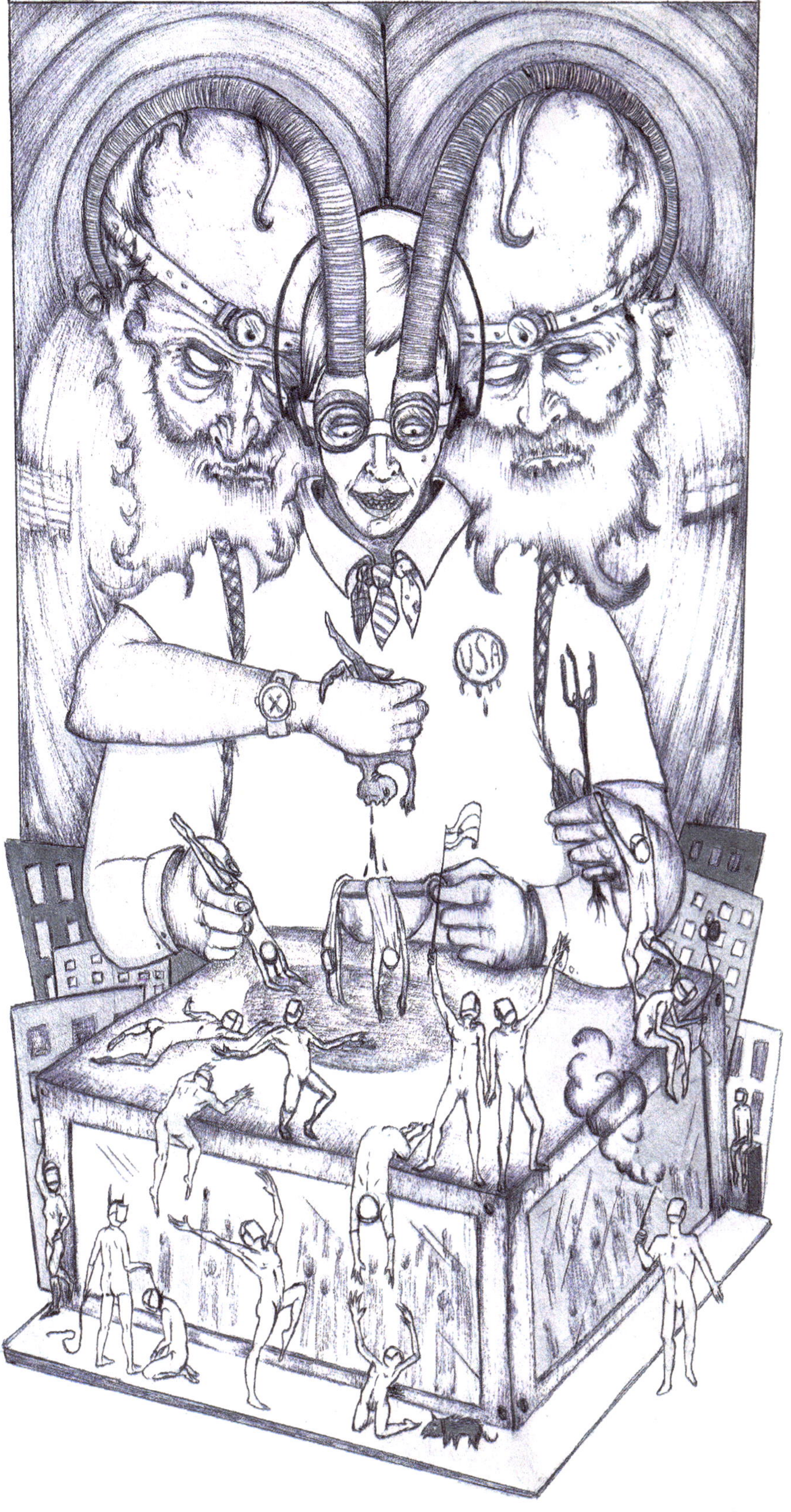
USA

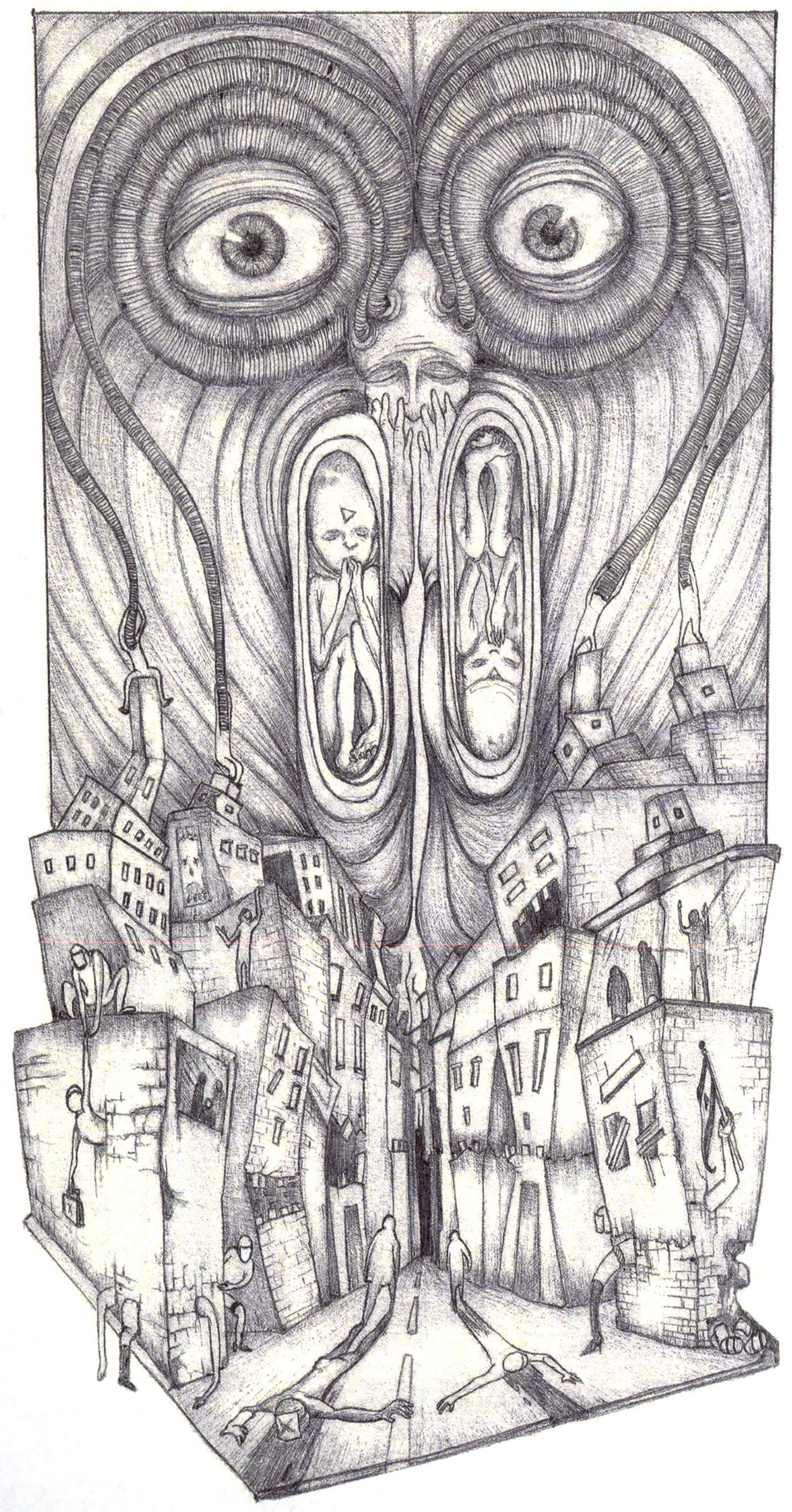

SaluD!

Desayuno día lluvioso,
Estas letras demasiado pequeñas para poder léer mas.
Poquito de desaparición,

Ideas para confundir al que escucha, borrando los ojos del lector.
Café hazme atrevido, pero no despierto,
Sentido de color, una vía láctea por la fe.

Botas militares con correas altas sentido de,
Punta de metal titanio, listo para lo que venga,
Los ojos de tres naciones mirándonos fijamente.

Cálido aliento de un fruto anciano toca atrás de su cuello,
Hoy, nuestras bufandas antisocial deberíamos haber llevado.

Mientras, Afuera.
Desfile un solo sexo.
Todo el mundo lleva máscara arco iris,
La costurera cose la noche junto de nuevo.

Abre tus heridas,
Da luz al camino,
Está bien sangrar durante Octubre.

Libertad que podemos usar esta semana,
Este día, en esta realidad fantasma.

Limpiar nuestros dientes, mantener el alquitrán,
Llévate las silabas que despiden, que revelan nacionalidades.

Deception.

The sign

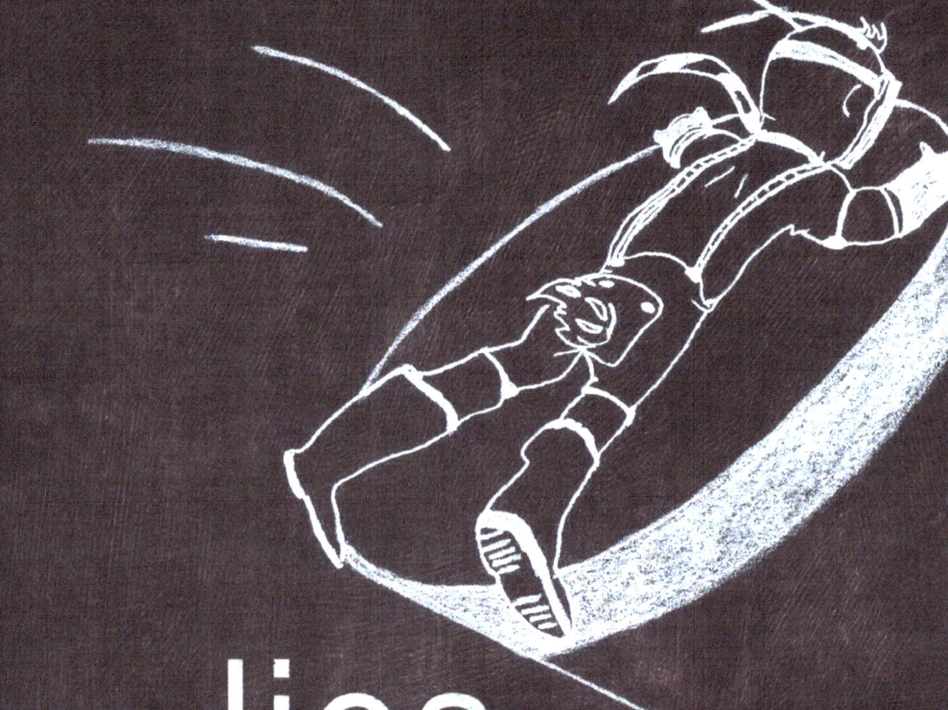

tells **lies**.

El rút

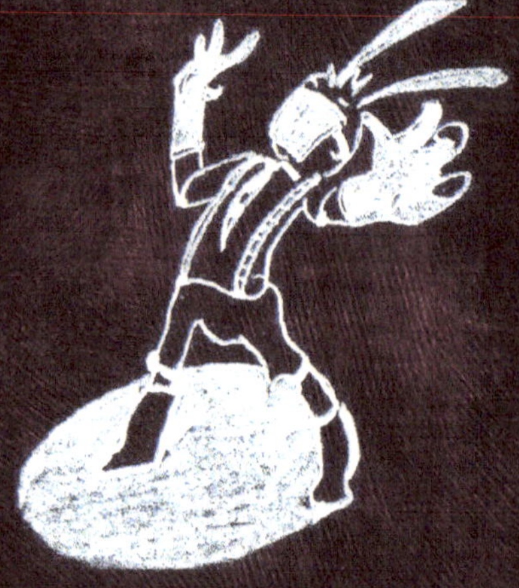

Decepción.

ulo dice mentiras.

trickster

The man claims to sing a prudent song while holding a sign
that messages the world,
"Get High!!!"
On this night, his world goes down in flames.
He is the only one that does not fly to the New World,
We skip in the rain.

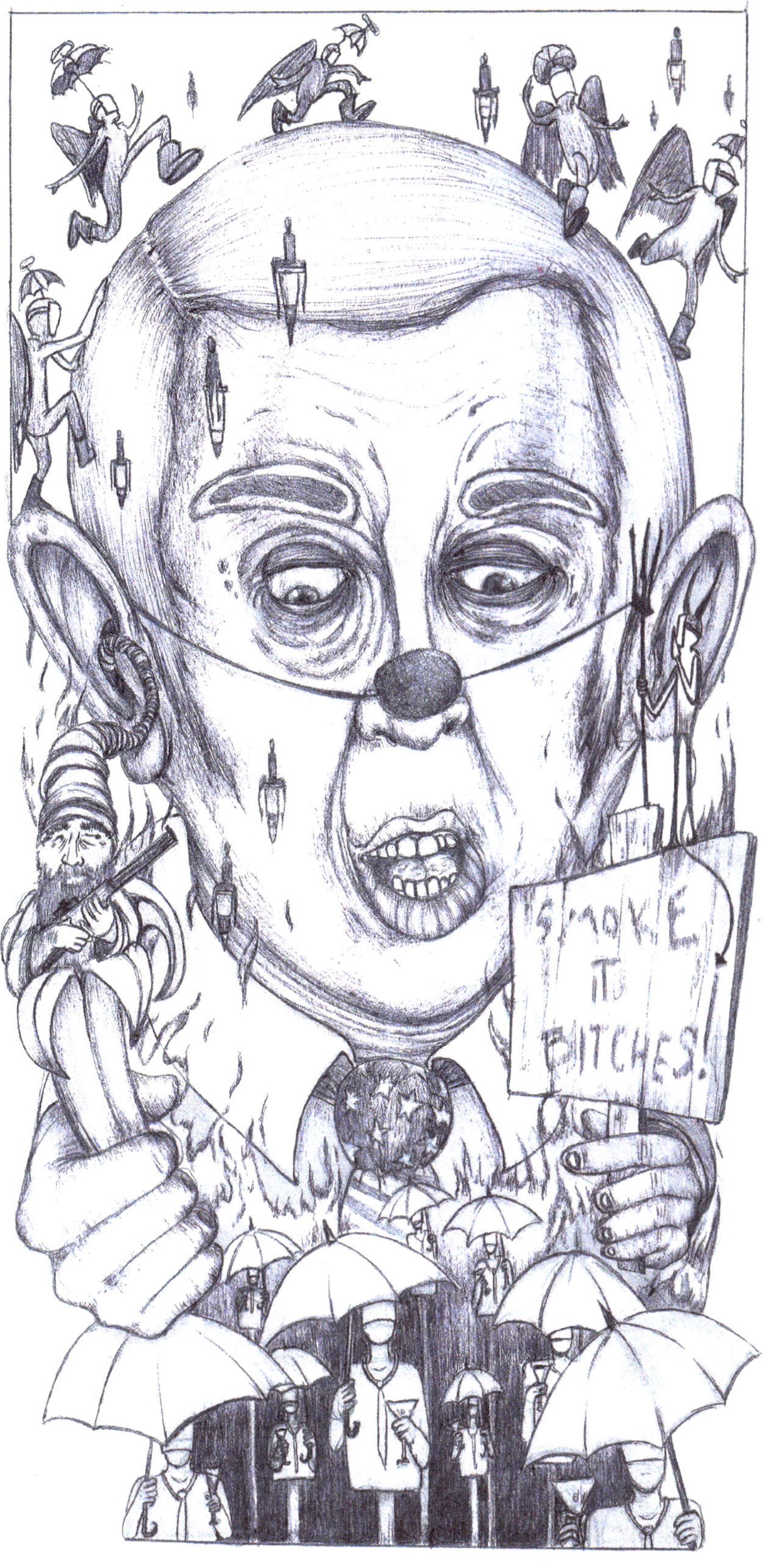
SMOKE
IT
BITCHES!

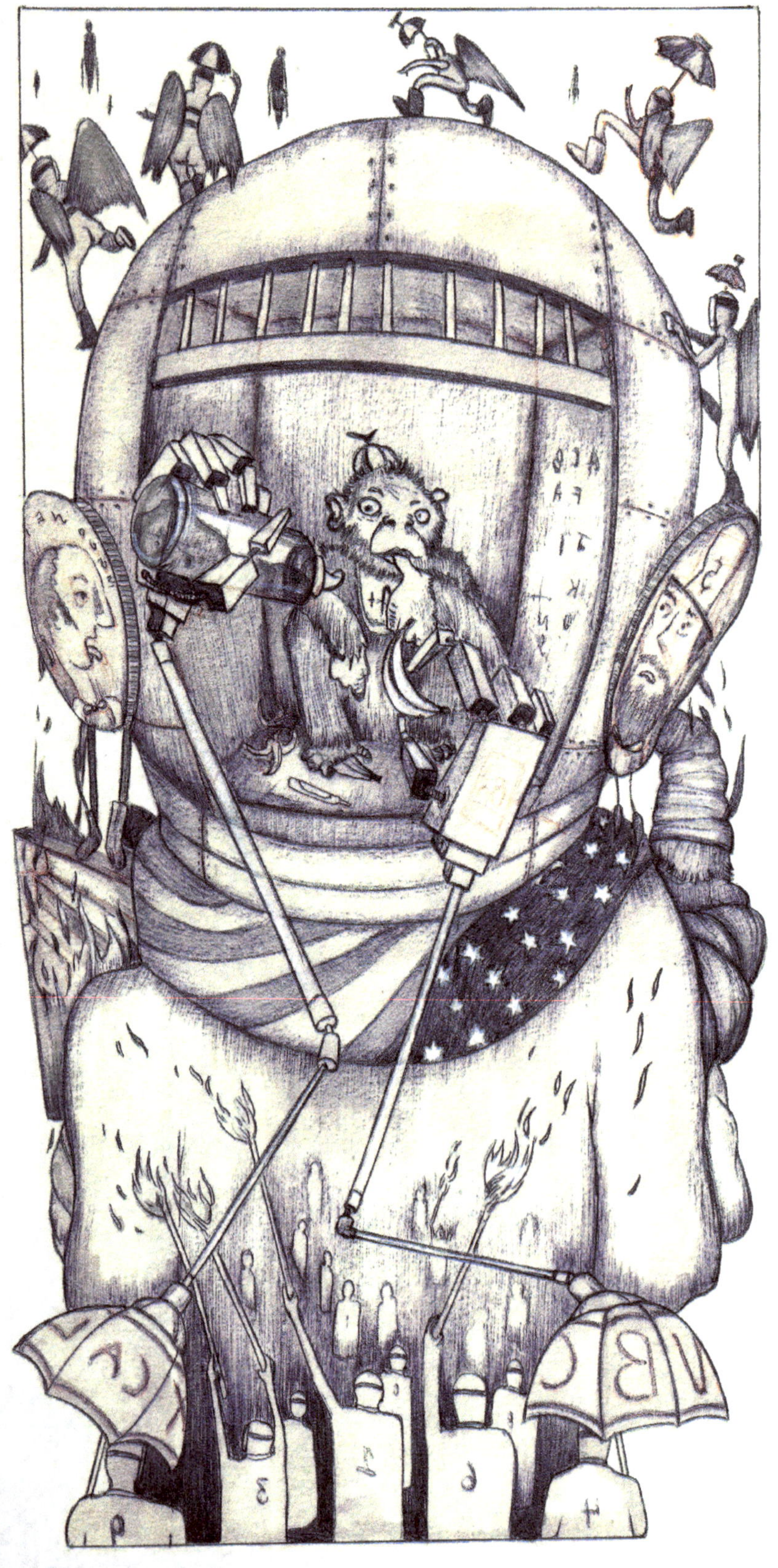

estafador

El hombre proclama cantar una canción prudente mientras
mantiene un signo de mensaje al mundo.
"Pónganse en viaje!
Hay que drogarse!"
Esta noche su mundo cae en llamas.
Solo el no vuela al Nuevo Mundo,
Saltamos bajo la lluvia.

The gathering of inno

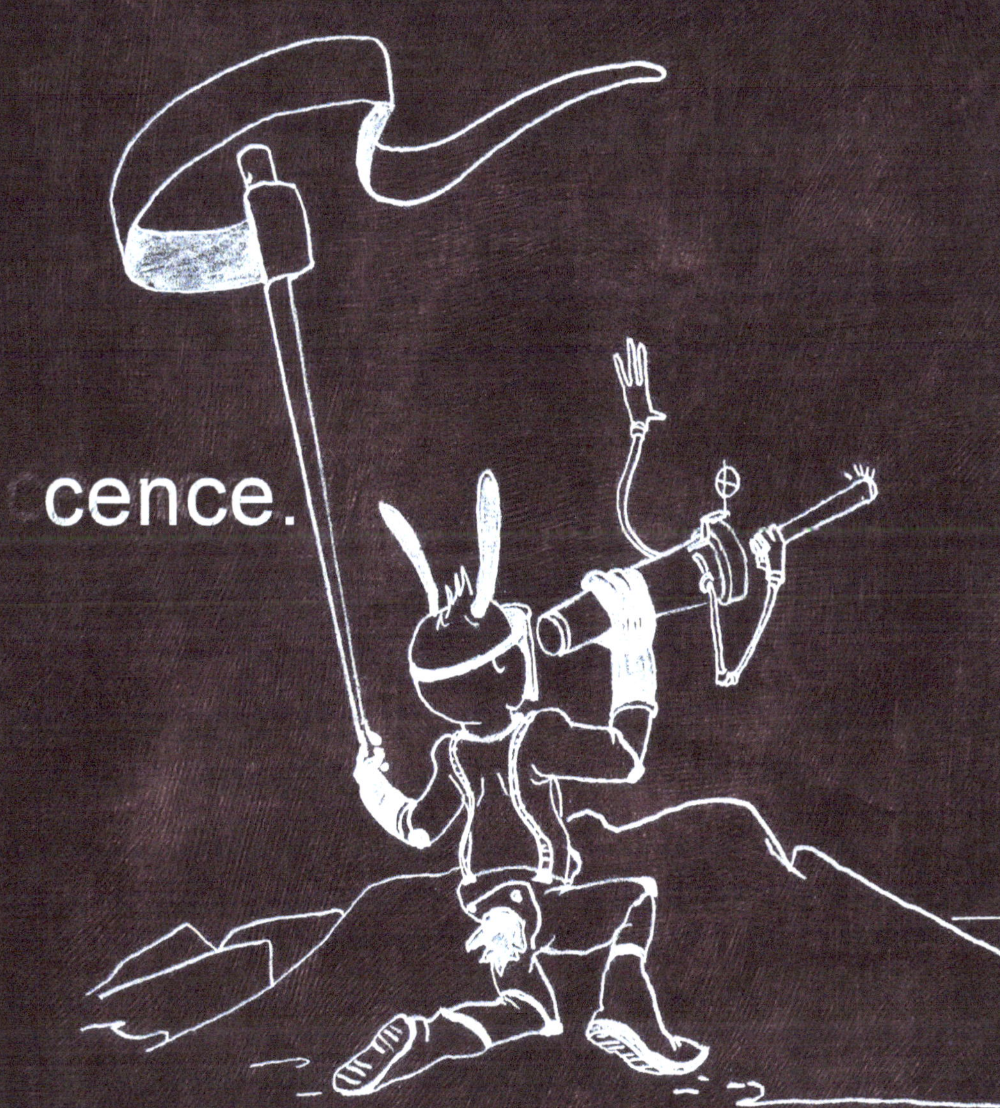
cence.

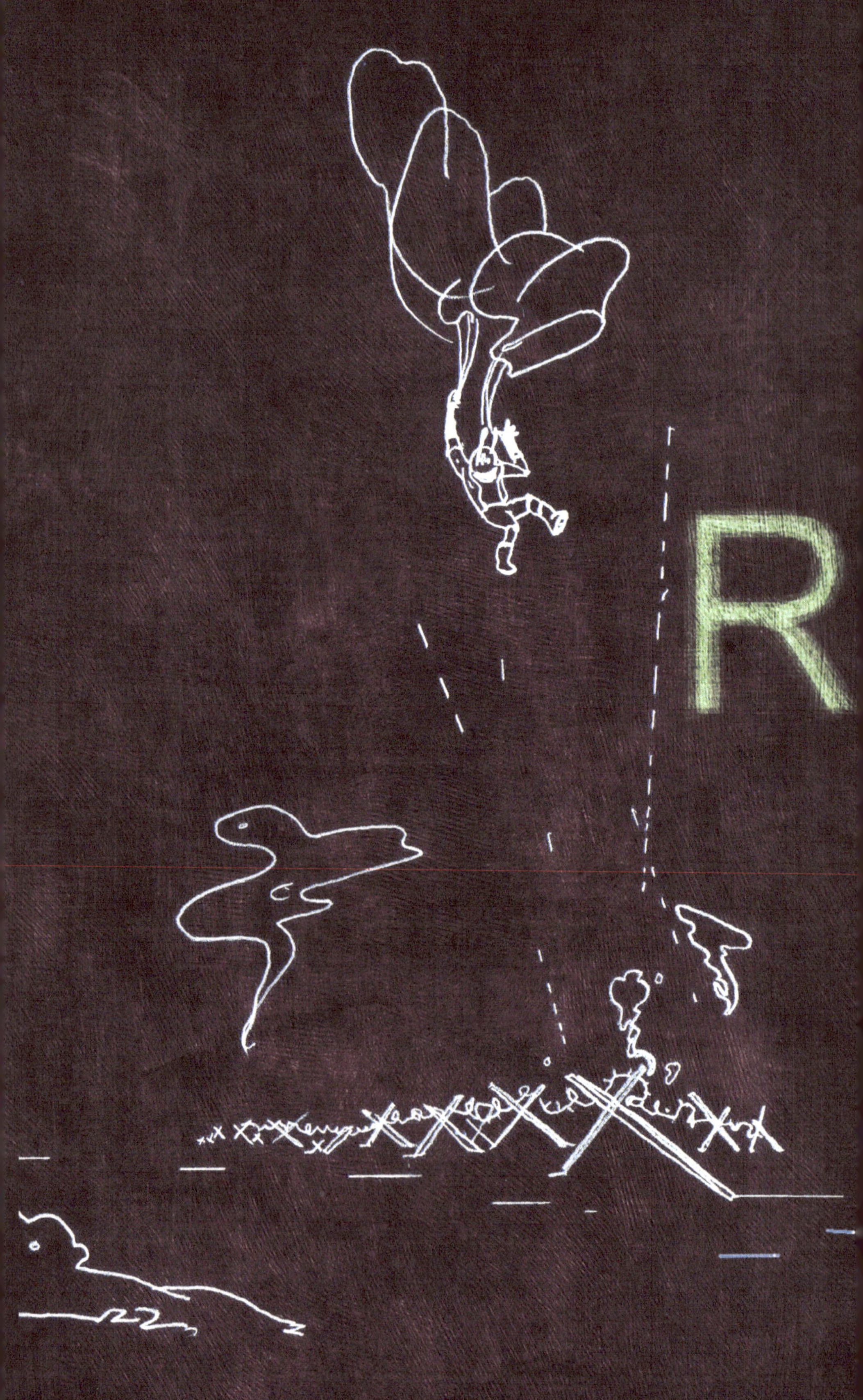
R

eunír la inocencía.

forget

We see your face struck with sadness,
Melting in deep potholes of contemplation.
Your fear seeks to destroy your heart,
Your shadow looks to escape its home.

There will be a final ignite.
Feel the moment wrap around your body,
Feel those fingers shake.

Don't be scared little bunny.
Your words lock down again,
The glaze in your eyes tells the story of a massive attack,
A perfect storm.
To live in freedom while we die in war,
Hands clap for the solution.
A tenure and higher notion for living,
Free Will.
Dying at your country's command,
Your secret nurture in this nature.
We coexist to not exist,
We take a deep breath.
Glimmer of angelic rainbow filters through,
Raise the Bar.
No pull ups; Just walk my sons, my daughters.
Control is an idea,
A measurement for straight sailing,
We Forget, We go in circles, Live this freedom, Die in a dream
of peaceful seduction, Live again on air,
POOF...

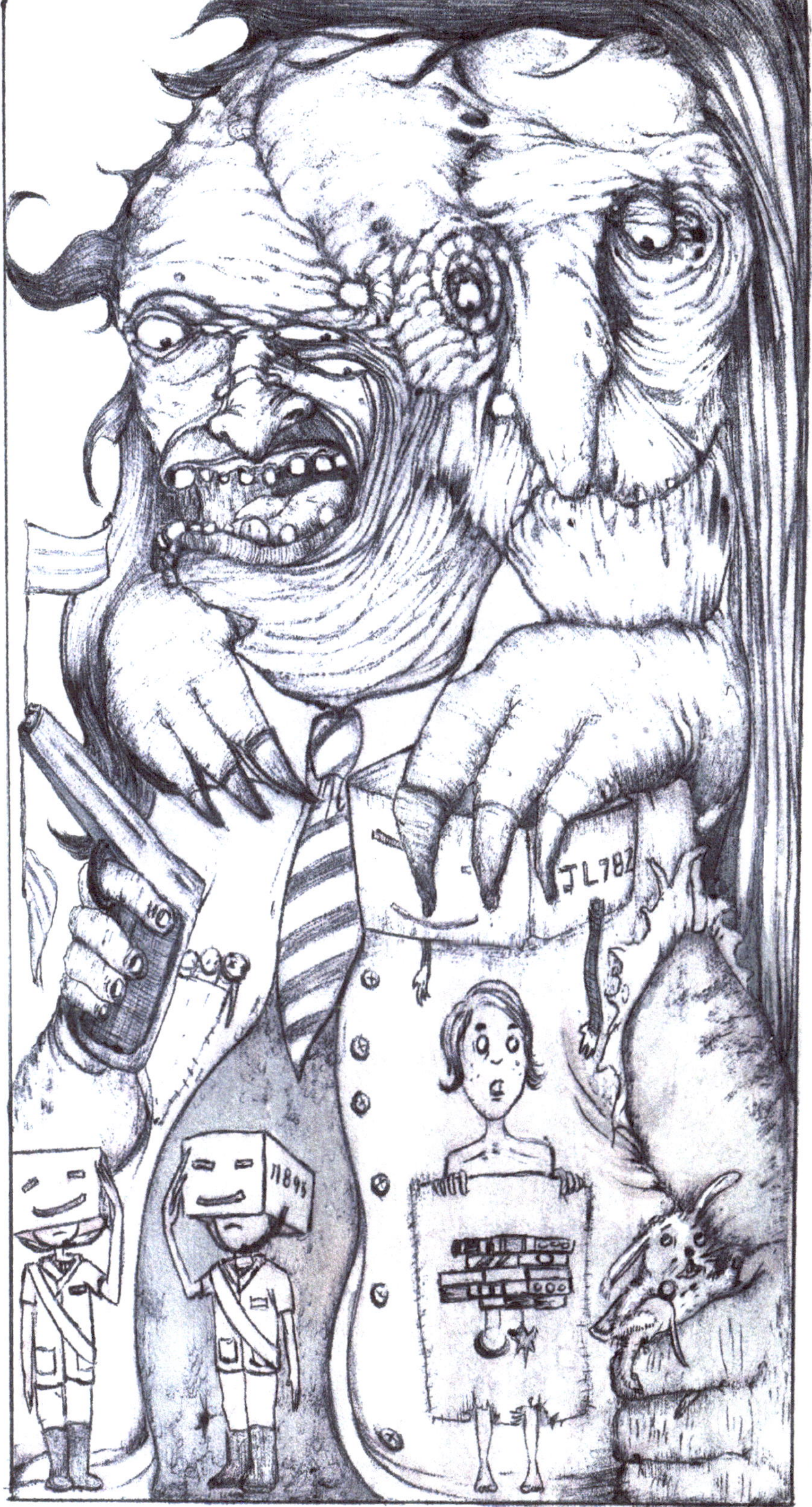
JL782
11895

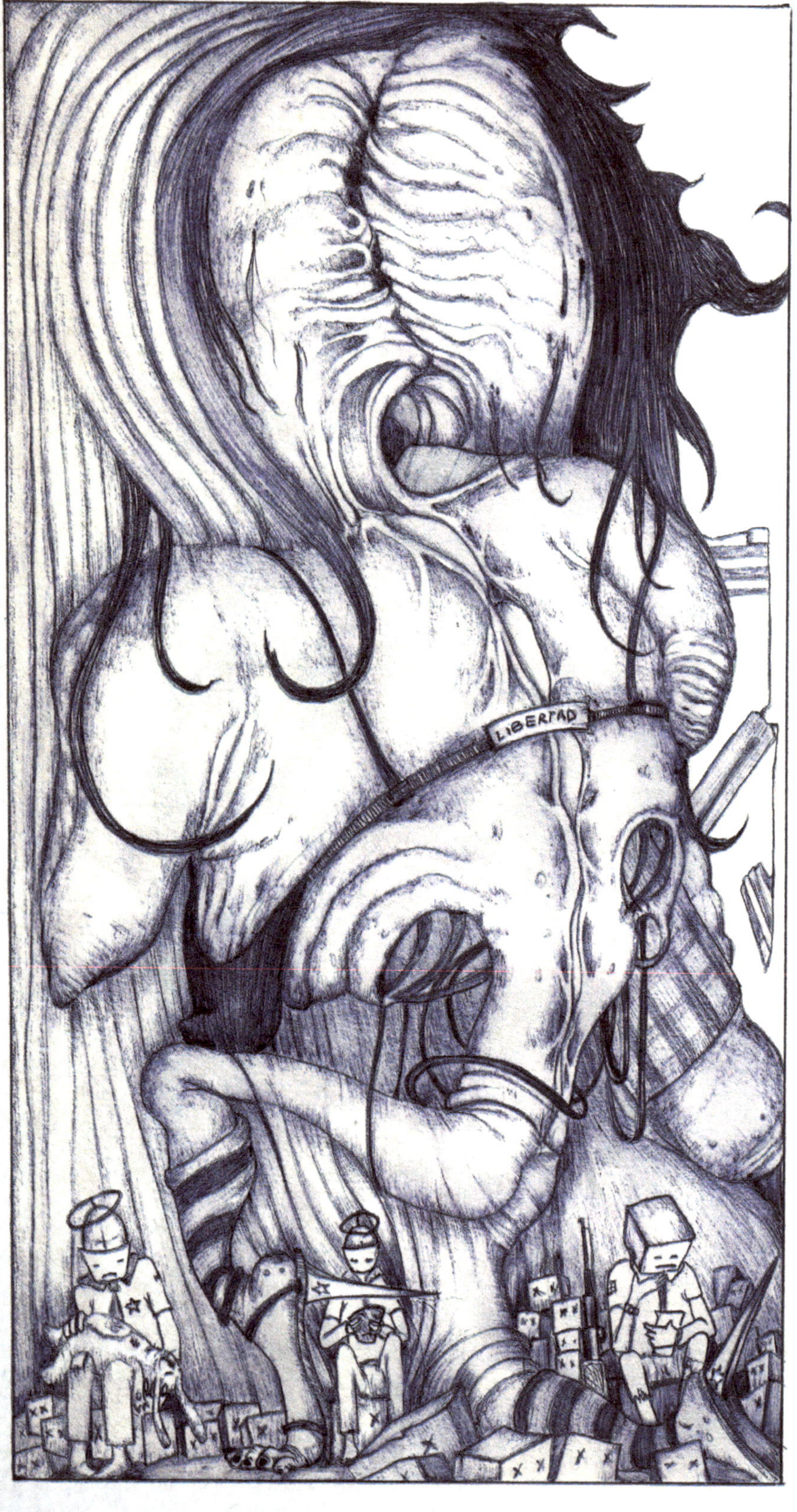
LIBERTAD

Olvidar

Vemos tu cara golpeada con tristeza,
Profundamente derritiendo contemplación en hoyos.
Su miedo procura destruir tu corazón,
Su sombra parece escapar a su casa.

Habrá un último incendio.
Sentir el momento envolverse alrededor de tu cuerpo,
Sentir esos dedos temblar.
No tengas miedo conejito.
Tus palabras se cierran una vez más,
El esmalte en los ojos dice la historia de un ataque masivo,
Una tormenta perfecta.
Vivir en libertad mientras morimos en guerra,
Manos aplauden por la solución.
La noción y la ternura intima por vivencia altísima,
Libertad de Voluntad.
Morir al mando de tu país,
Tu secreta alimentación por esta naturaleza.
Coexistimos por no existir,
Tomamos una respiración profunda.
Destello de arco iris angelical tras el filtro,
Subir la Barra.
No; simplemente caminen mis hijos, mis hijas.
Control es una idea,
Una medición por conducir directa vela,
Los olvidamos, Seguimos en círculos, Vivir esta libertad,
Morir entre un sueno de paz y seducción,
Vivir de nuevo vivir del aire,
POOF...

Insanity

splashing

through.

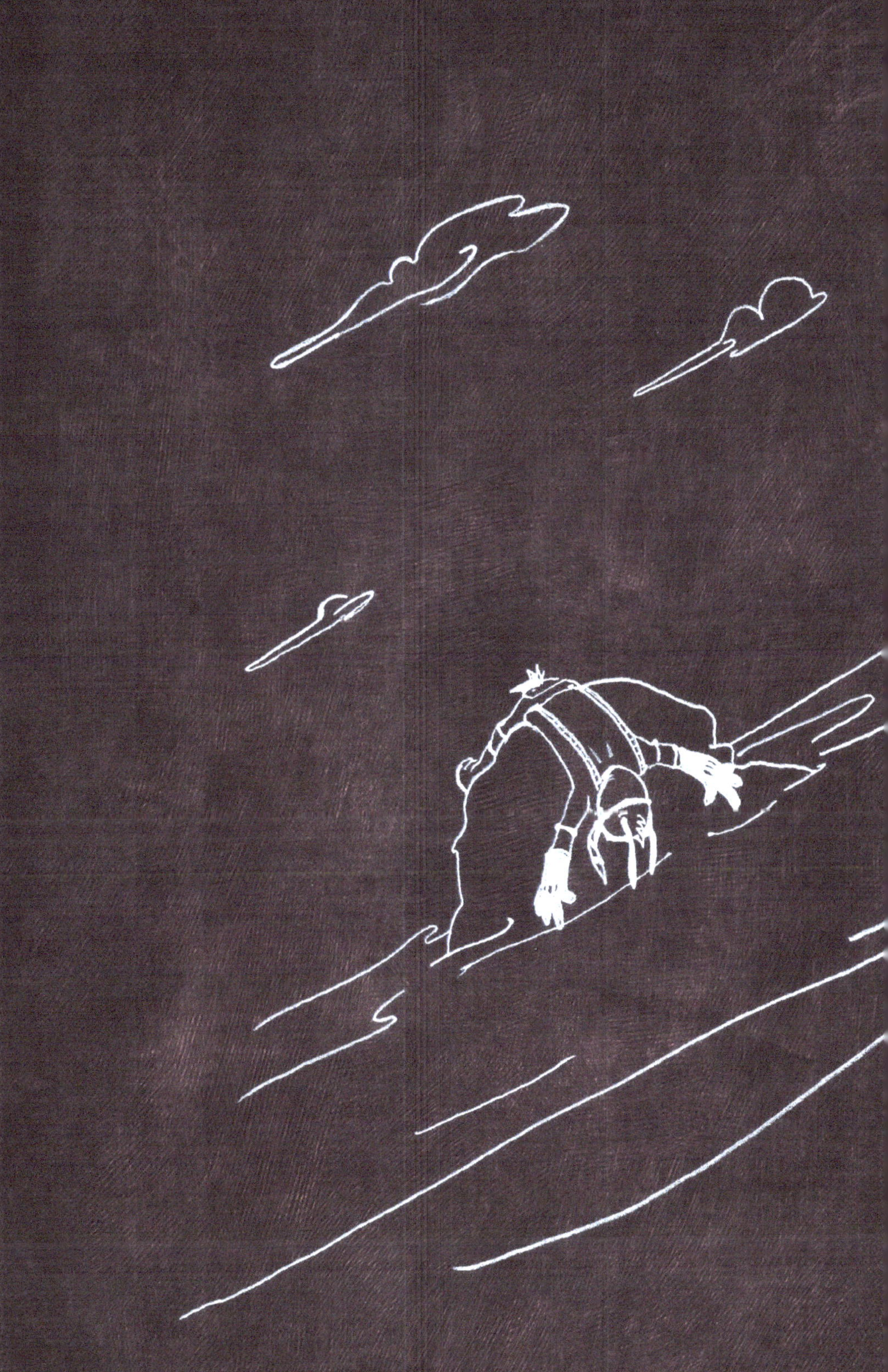

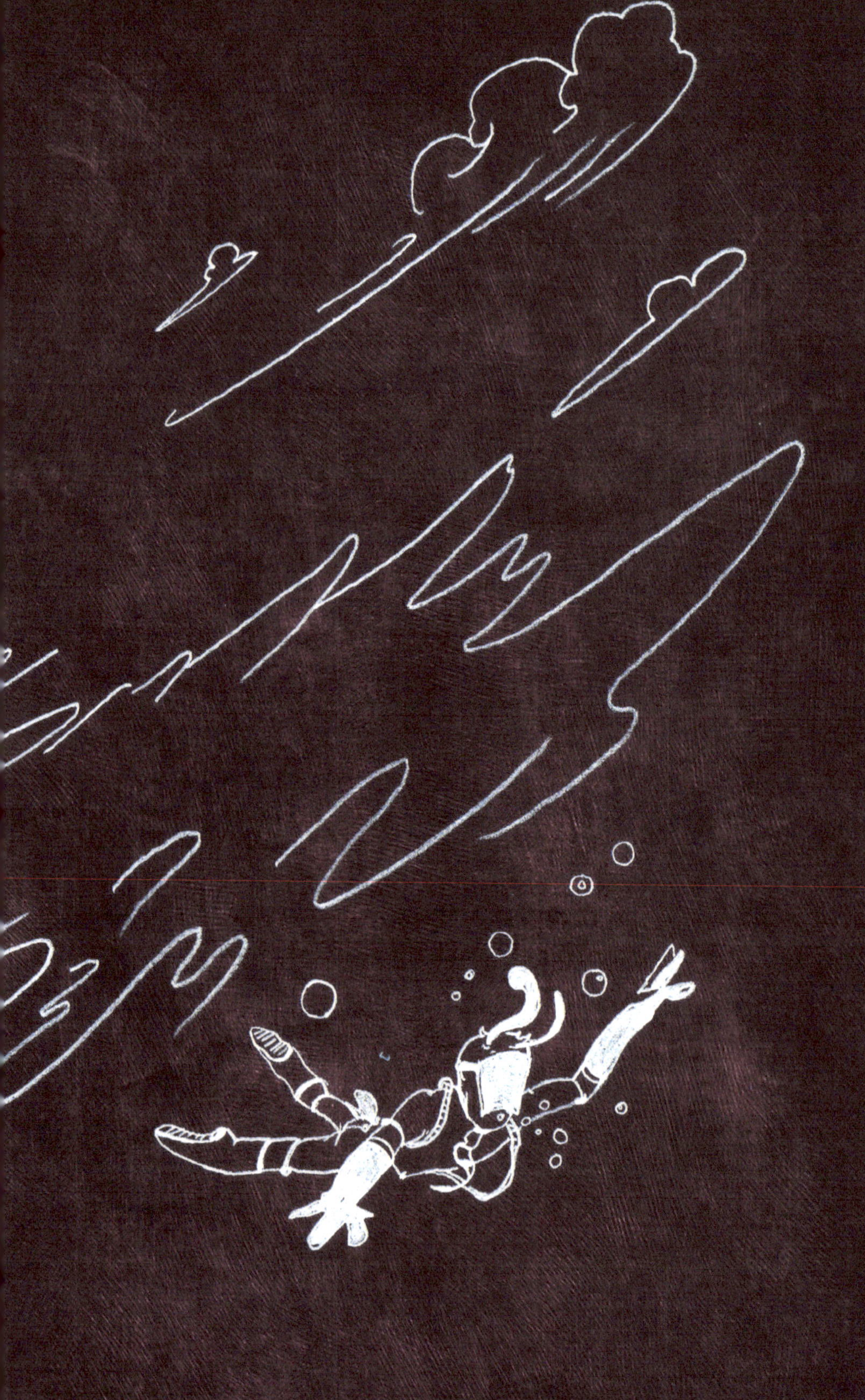

Locura

sálpicadadado.

black moth ocean

Black Moth Ocean taking control of the west wing.
Cold case, summer exhaust, vacuum enterprise cease control,
Kidnap the brown sandwich, get away with wonder.
Fat cats lifting dress, white mountains, black spikes,
Master thy creation, kill the father, come again.
Eyelids dry, cracking knuckles for rapid fire,
The "March of Psycho Children" begins.
Zipper mouth, locked ambiguity,
We once held flowers.
Rhythm of Christ fills the circle,
Blinded folk embrace the sound of darkness.
Sun rising slowly, water at ease, blue skies a mirror of truth,
Meadow of green, vibrant hair, chest strong, heavy footed,
hands in the wind.

No time for winning, just living,
TRUCE!

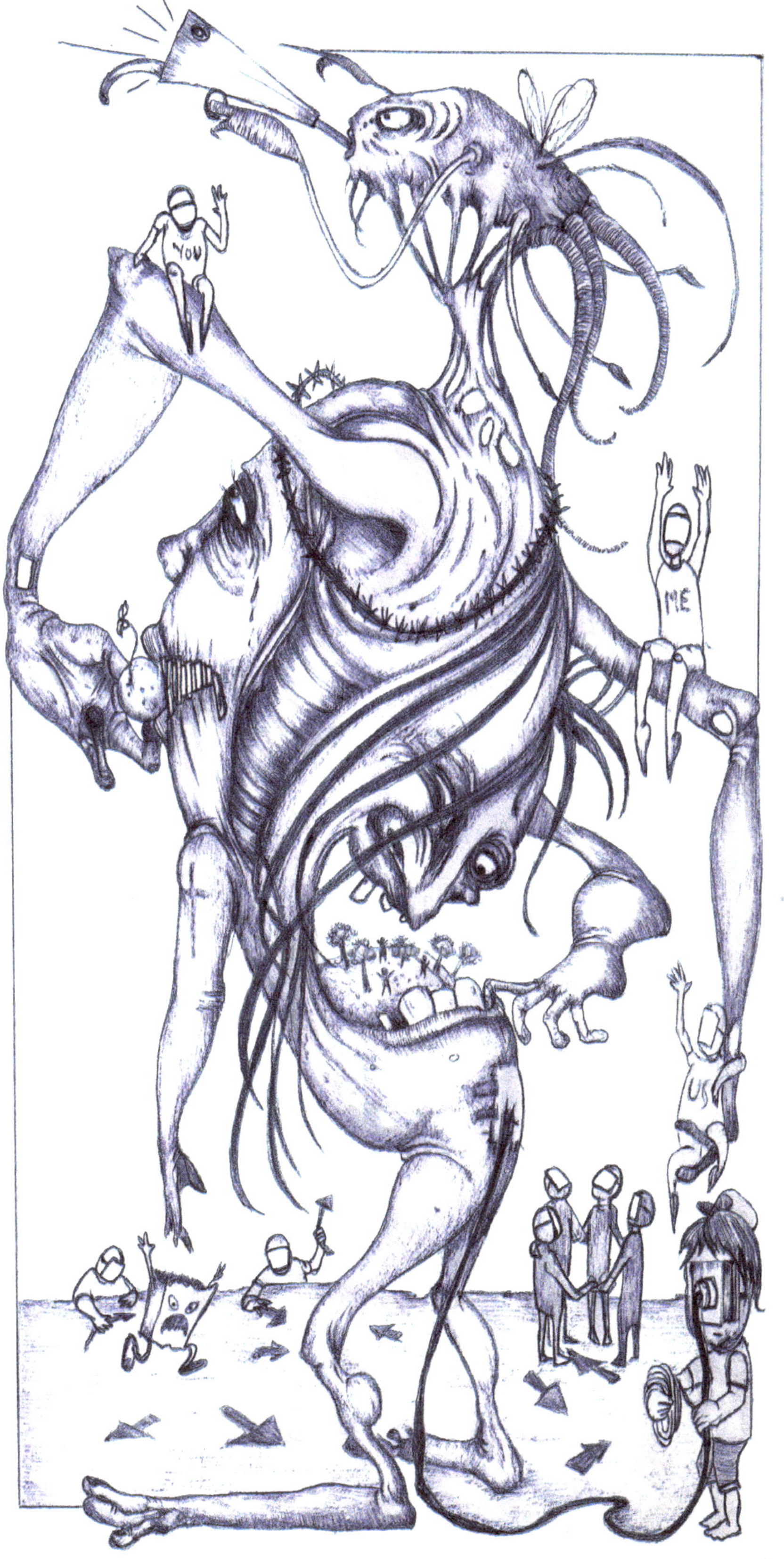
YOU
ME
US

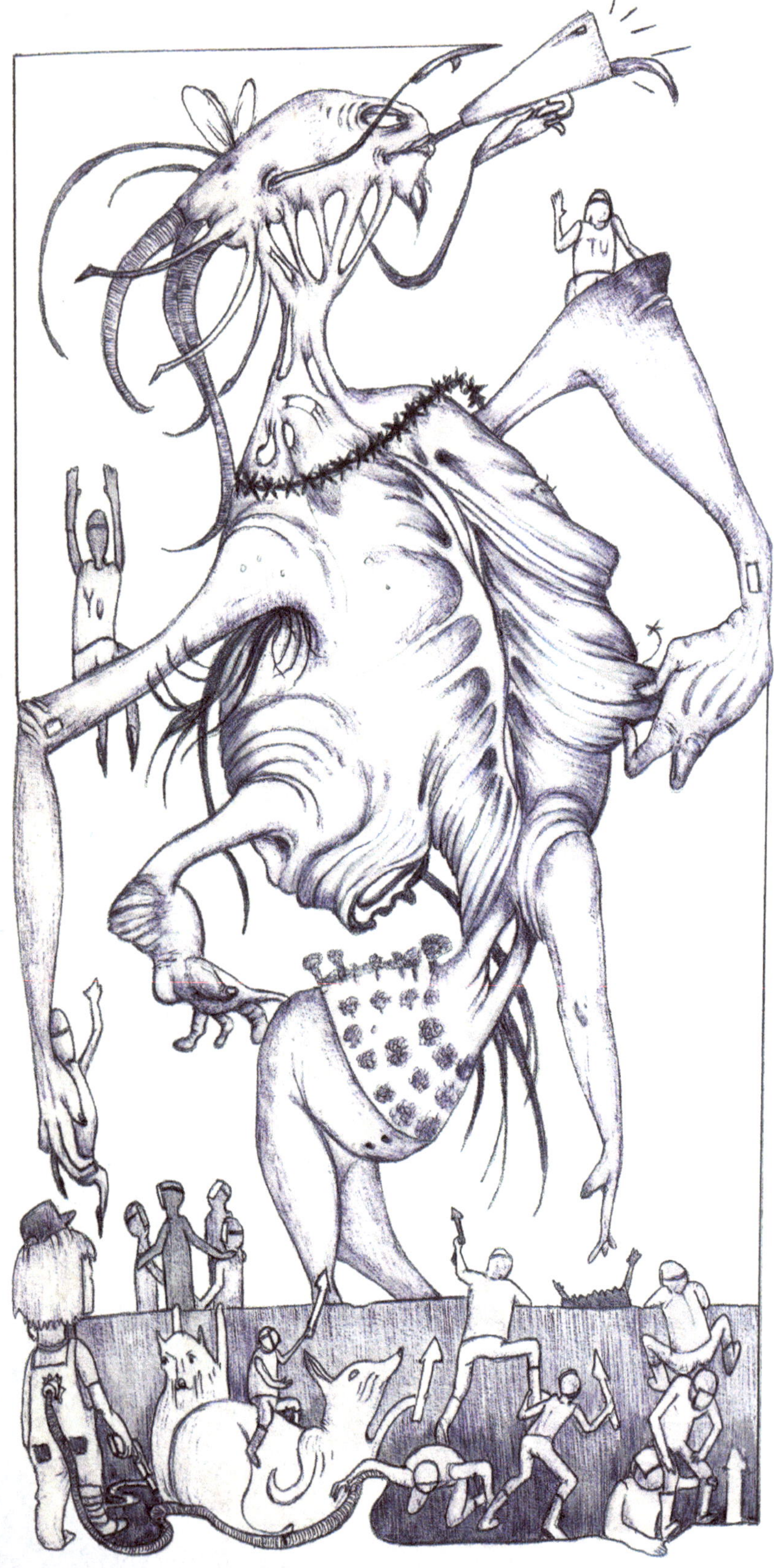
TU
YO

Océano negra mariposa

Océano Negra Mariposa tomando control de la ala oeste.
Caso helado, escape verano ,aspira empresa, toma control,
Secuestra el sándwich café, saca el pan blanco Wonder.
Gatos gordos levantando el vestido, montañas blancas, al-
fileres negros,
Domina tu creación, mata al padre, vuelve.
Párpados secos, presionar los nudillos, obtener fuego rápido,
La “Marcha de Niños Locos Sicóticos” empieza.
Boca zipper, con candado ambigüo,
Alguna vez llevábamos flores.
El ritmo de Cristo llena el circulo,
Los ciegos abrazan el sonido de la oscuridad.
El sol despierta despacio, el agua en su calma, cielos azules
los espejos de la verdad,
Medallas de verde, pelo brillante, pecho fuerte, pies pesados,
manos entre aire.

No hay tiempo para ganar, solamente vivir,
TREGUA!

Beware

of the

unkn

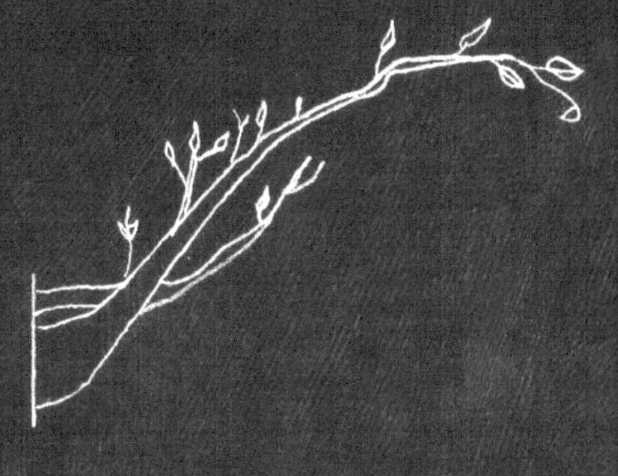

own.

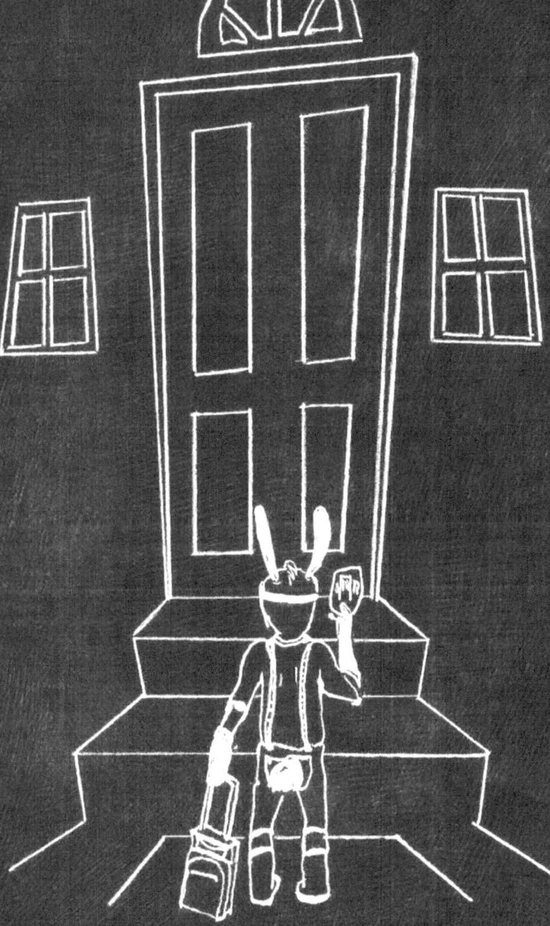

Cuidado

de lo

desconocido.

blindsidE

In the outside world our skin color matters;
We can only speak of justice and in flavor.
Hold hands in the spring and only smile during Christmas,
We can be at war with our neighbor and reflect peace to the world.
We can climb these peaks of invincibility by destroying values,
In the outside world, the color of our skin is our name.
When we crawl it's only to bestow an early eruption,
You are CAIN.

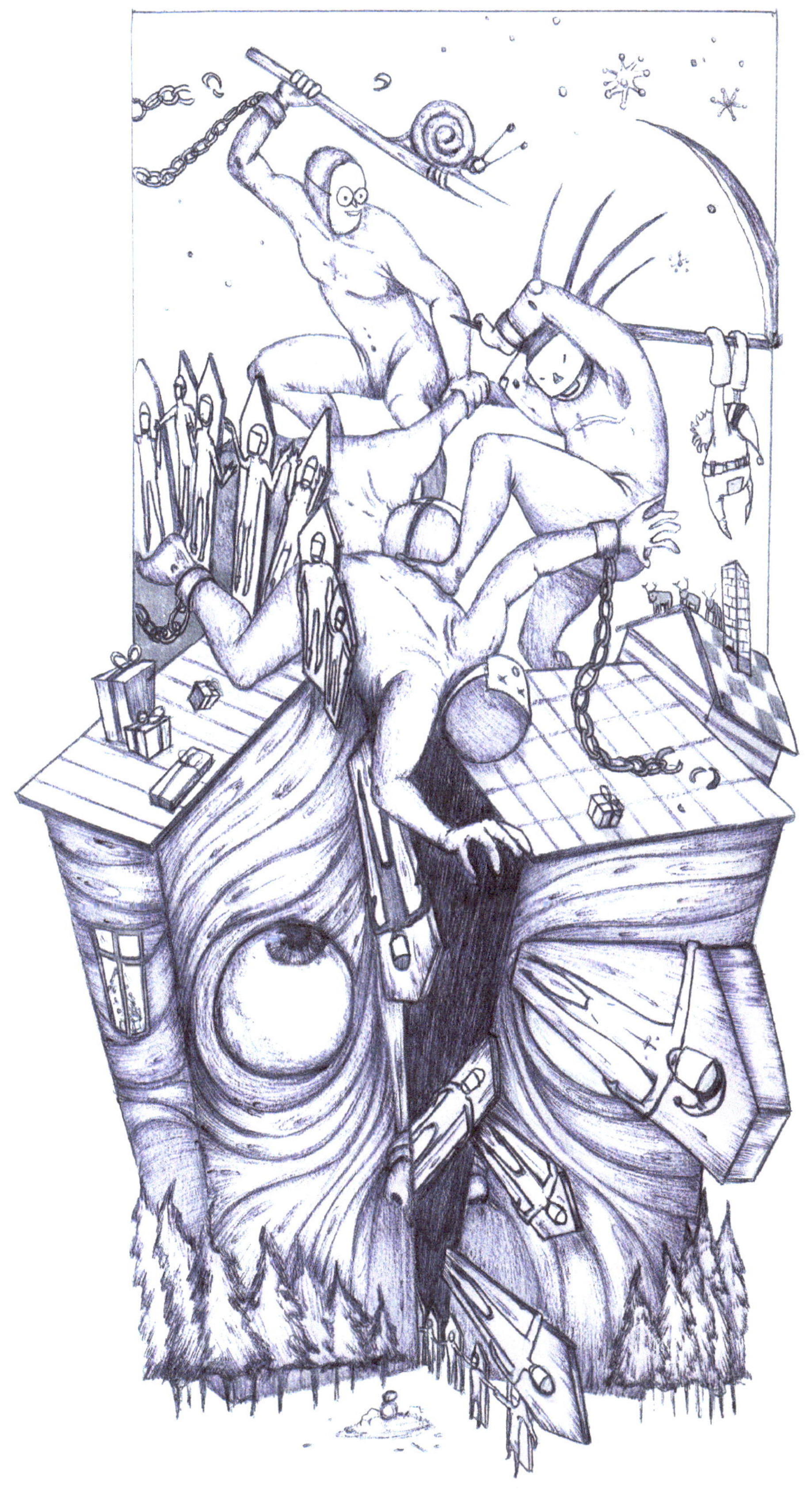

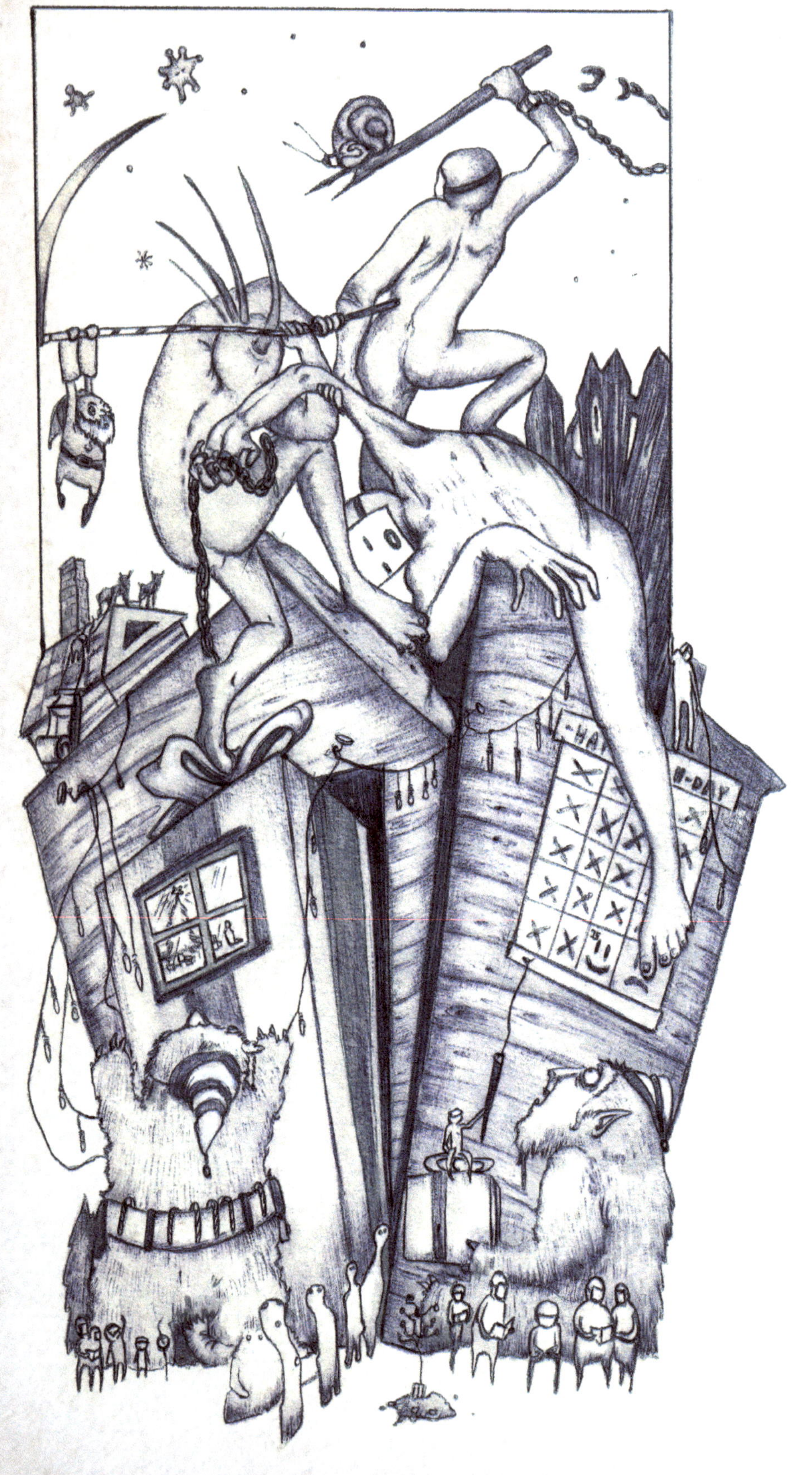

blindsidE

Afuera en el mundo el color de nuestra piel importa;
Solamente podemos hablar de justicia y en sabor.
Tomar las manos en primavera y solamente sonreír durante Navidad,
Podemos estar en guerra con nuestros vecinos y sobre el mundo reflejar paz.
Podemos subir estas puntas invisibles al quebrantar valores,
Afuera en el mundo, el color de nuestra piel es nuestro nombre,
Cuando gateamos es solo saber una erupción infantil,
Tu eres CAIN.

Find the

ticket

to the after

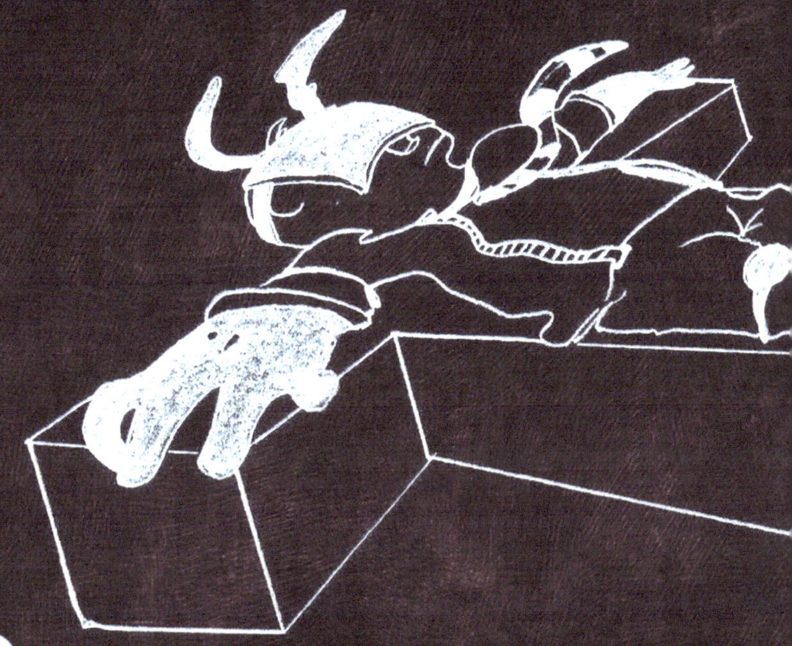

-life

where

the road crosses.

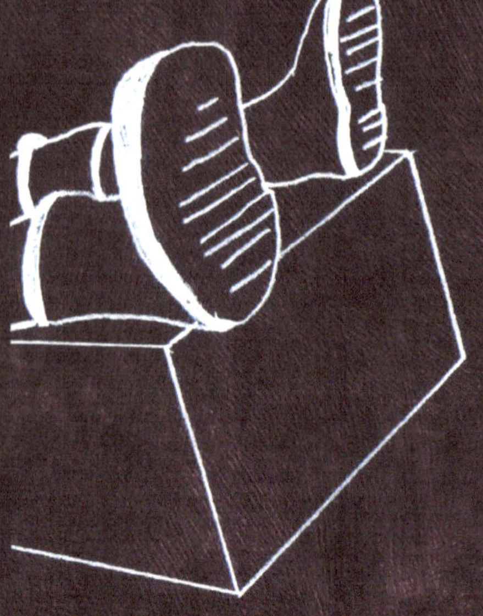

Enc

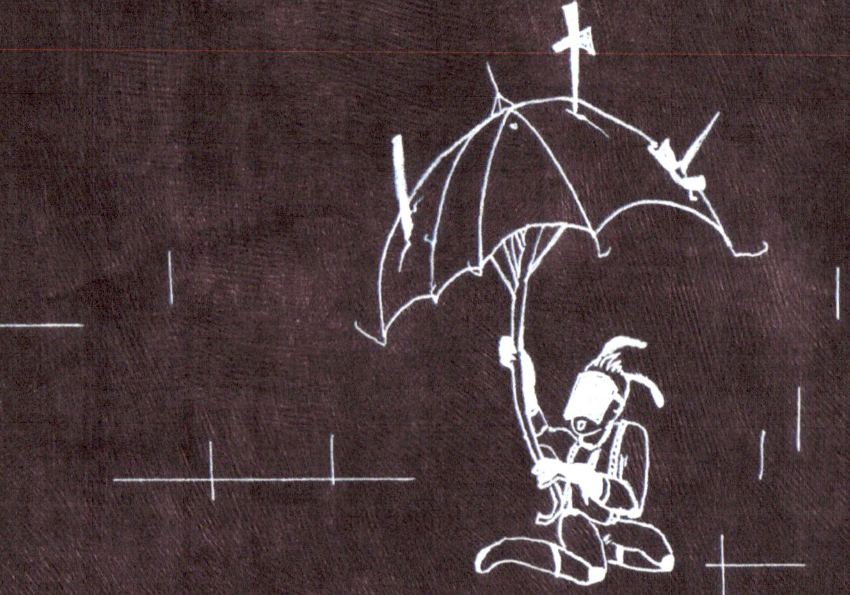

uentra el

boleto

donde el camino cruza

hacia la resurrección.

holy signS

God's laughter opens the sky,
Sweet melody rings throughout the land.
We take out the trash,
Cockroach belch echos through hollow clouds.
Distilled Worms hold neon signs,
"Welcome, fruit is alive!"

The children awake, nude;
We play a decisive hand of black diamond cards.
They speak,
"It is almost time!"
"Is it time?"

Passion Reds all over these grounds,
Mustard mountaintops crackling,
Piss the river.
"Vitamin for you?"
"For me?"

Shadows come out and play,
Make our day.
Hold hands,
Rape the weak,
Laugh like God.

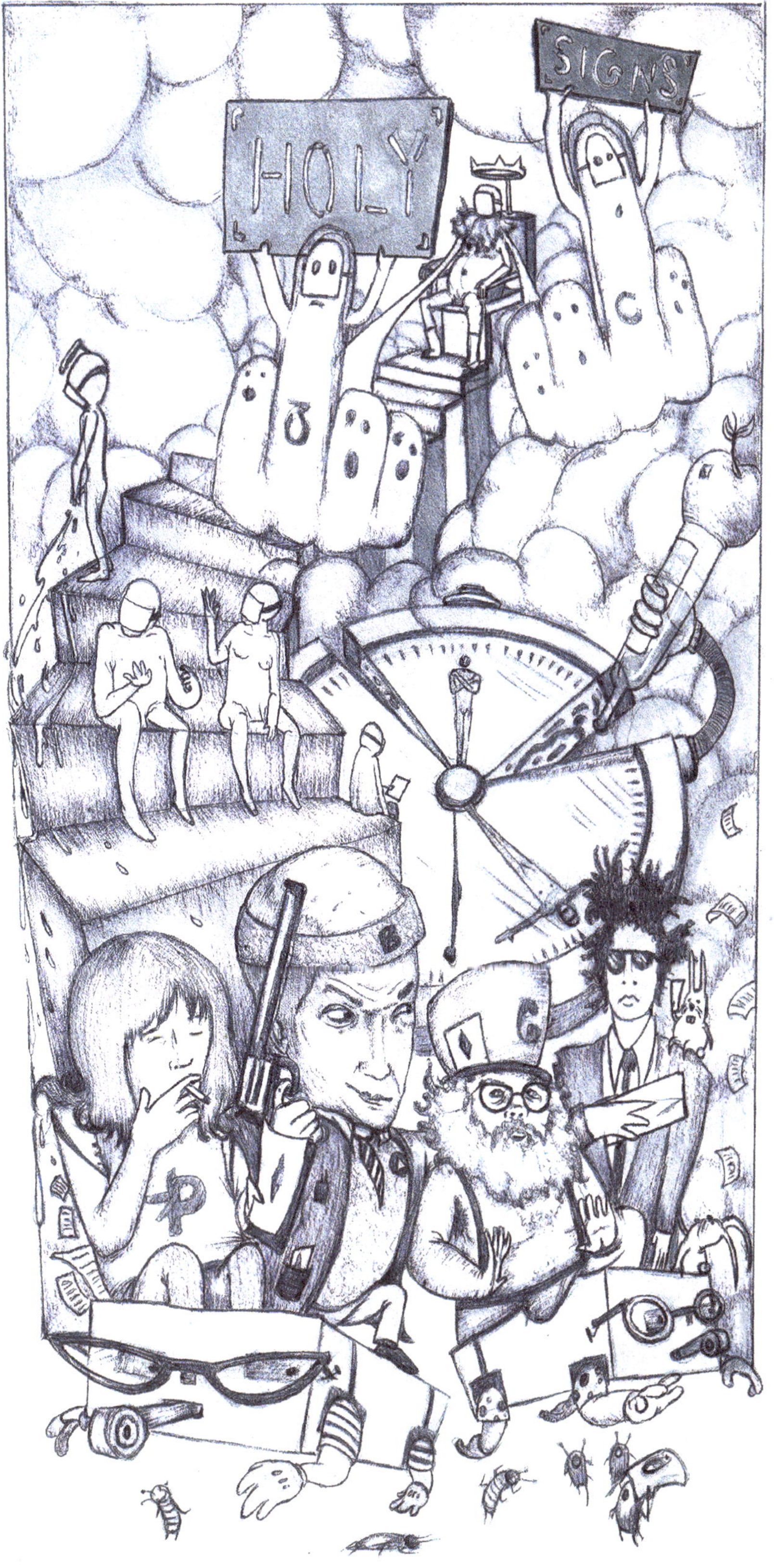
HOLY
SIGNS

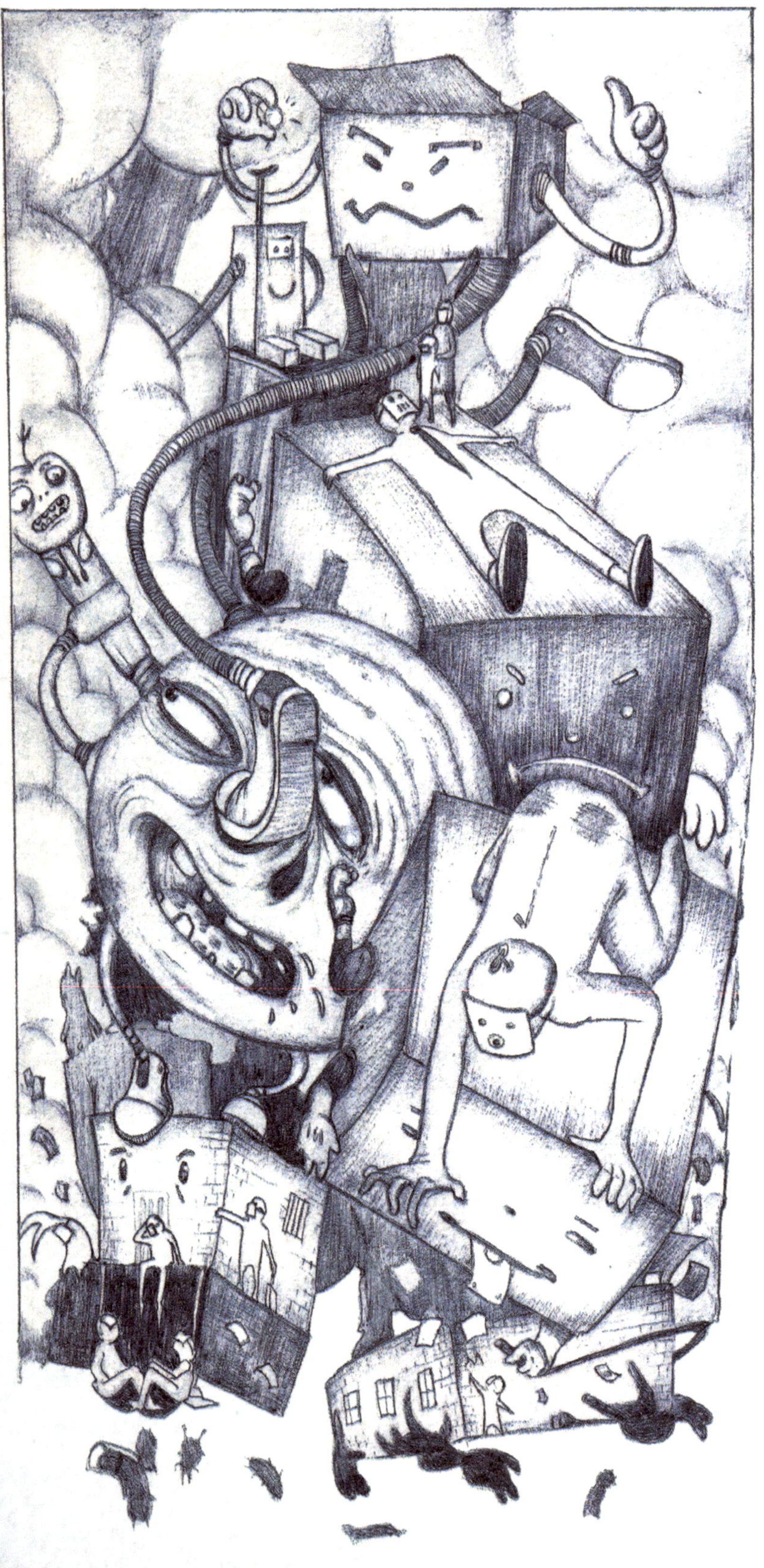

Signos religiosoS

La risa de Dios abre al cielo,
Melodía dulce suena sobre la tierra.
Sacamos la basura,
Cucaracha eructa un echo a través nubes vacías.
Gusanos destilados sostienen letreros de neón,
"Bienvenidos, la fruta vive."

Los niños despiertan, desnudos;
Jugamos una mano decisiva de naípes diamante negro.
Ellos hablan,
"Casi es tiempo!"
"Ya es tiempo?"

Rojas pasiones sobre toda esta tierra,
Las puntas amarillas de las montanas quebrantándose,
Orinar el mar.
"Vitamina para tí?"
"Para mi?"

Sombras salen a jugar,
Hacen nuestro día.
Tómense las manos,
Violen los débiles,
Rîanse como Dios.

An island

of

prosperity

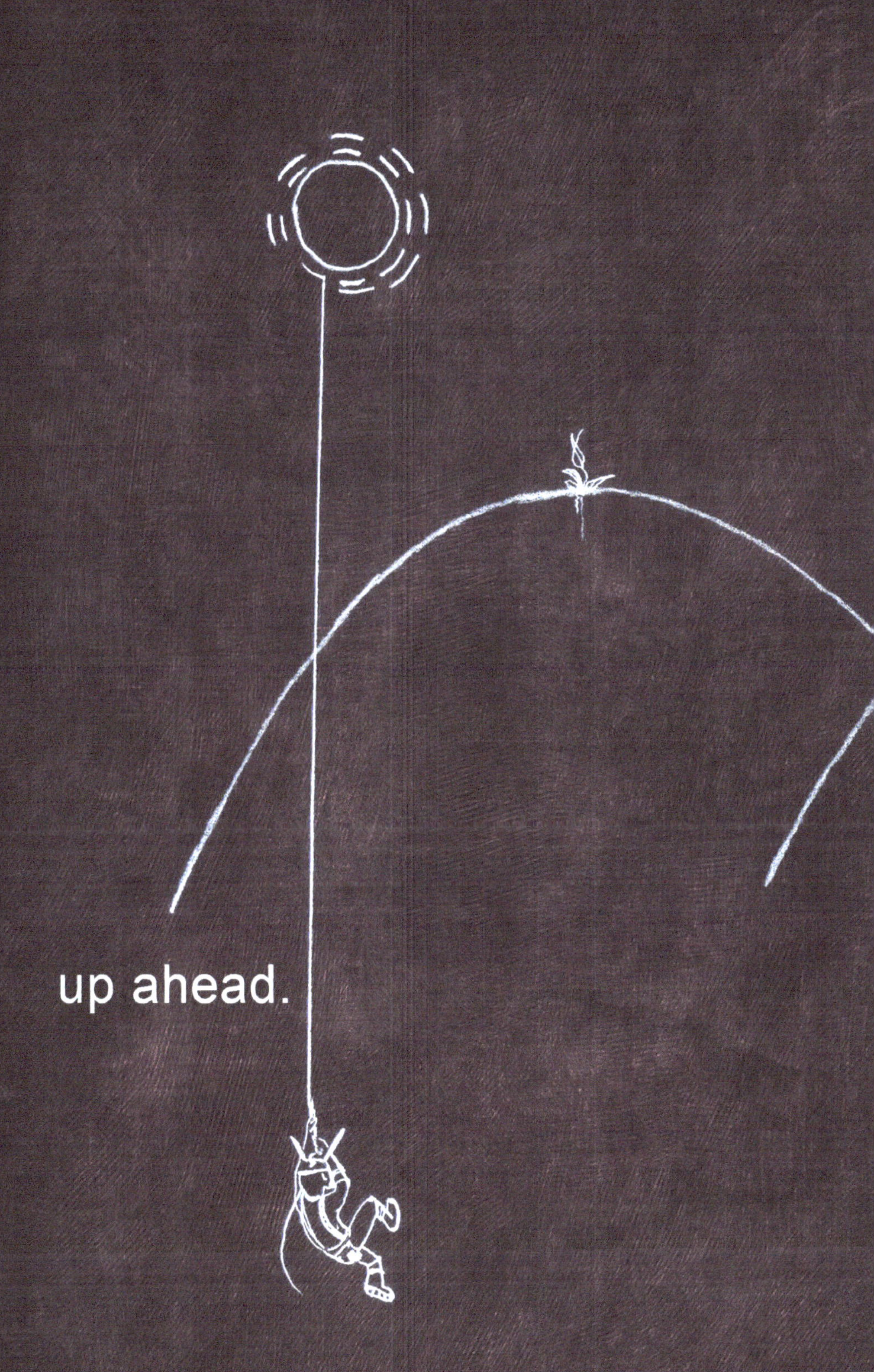
up ahead.

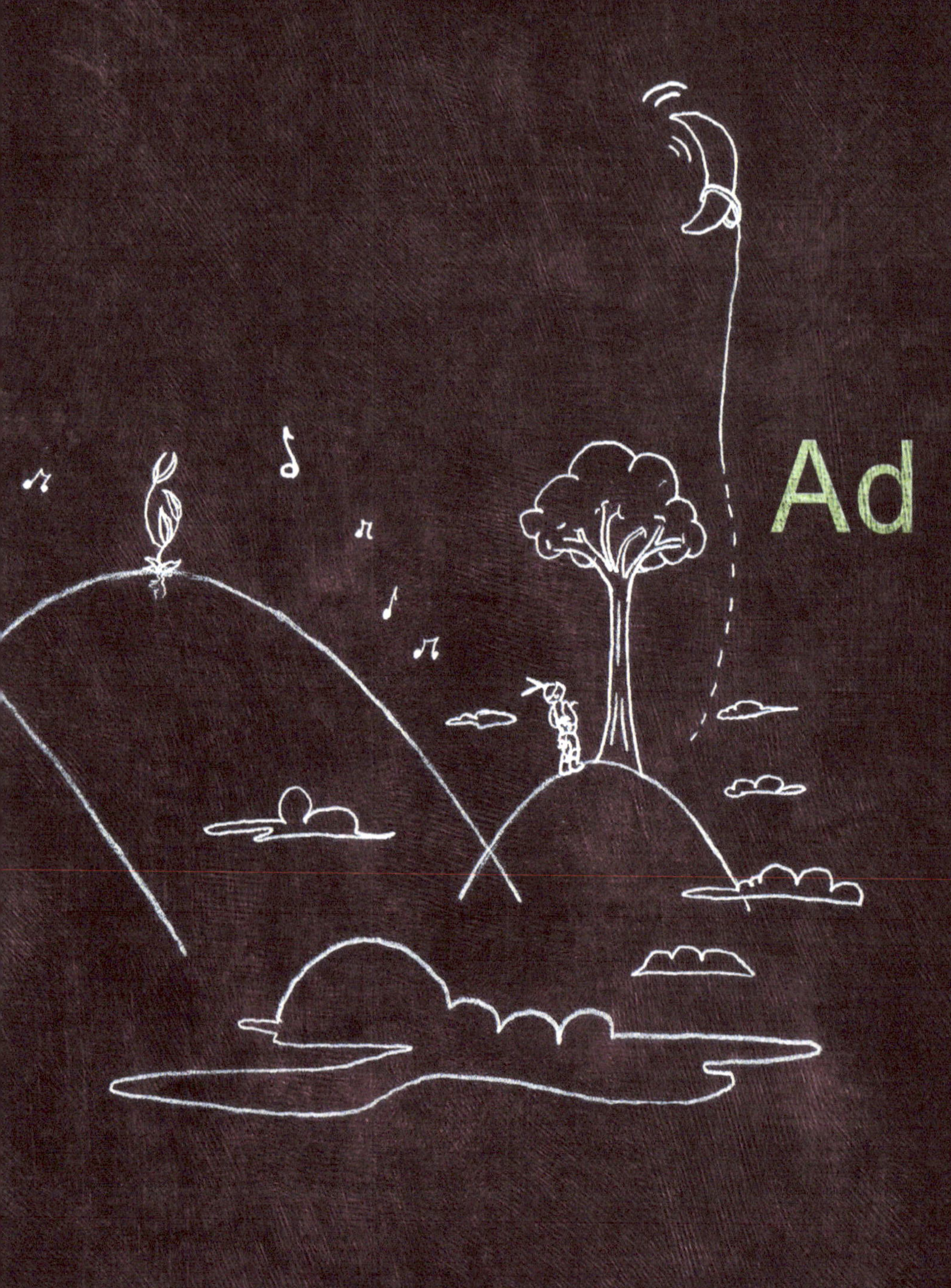
Ad

elante una isla

de

prosperidad.

hillside love song

Tenure eruption ignites over evangelistic softness,
A blur in merchandise returns over that which is sacred,
Beautiful manifestations on that Cherry Hill.

Joy reluctant to cold gravestone,
Folks that rejoice through morning light wear tall, red hats,
Magical experience for those of us who sing with our eyes open.

Tic Toc, Tic Toc...

Heavy clouds depart in opposition.
We Ride,
Soulless.

Confronted with the bindings of two worlds wrapped in ventilated baby skin,
Without rules, freedom, and frolic years,
Dash of sensual reflections, bits of sexual consultation.

Face to Face,
No mirror crash,
Elders winning the broke house love song.
A beautiful departure,
Peaceful Reflection.

Black Wall,
Dangerous beauty written within every sliver of every cracked window.
Stone cut eternity, slick admiration, the idea of being whole,
Ginsberg sucking the root, his other laughing.

Sick Fucks!
Twisted penetration, this angular place, condescending adventure.
To be part of such an exposition,
Tenure eruption x 3.

Snow-covered playground,
To the east and beyond.
The beast within,
Burning Cherry Hill.

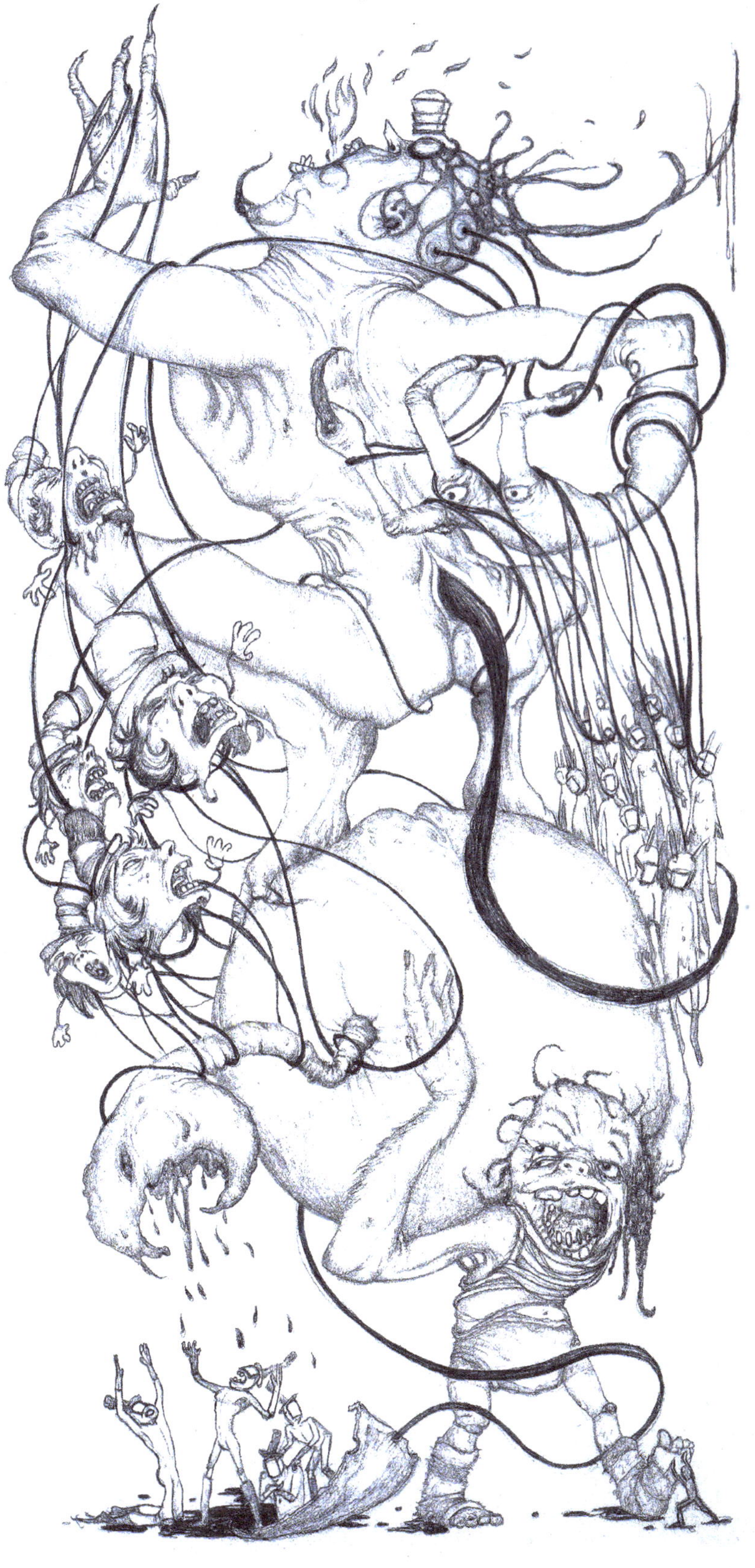

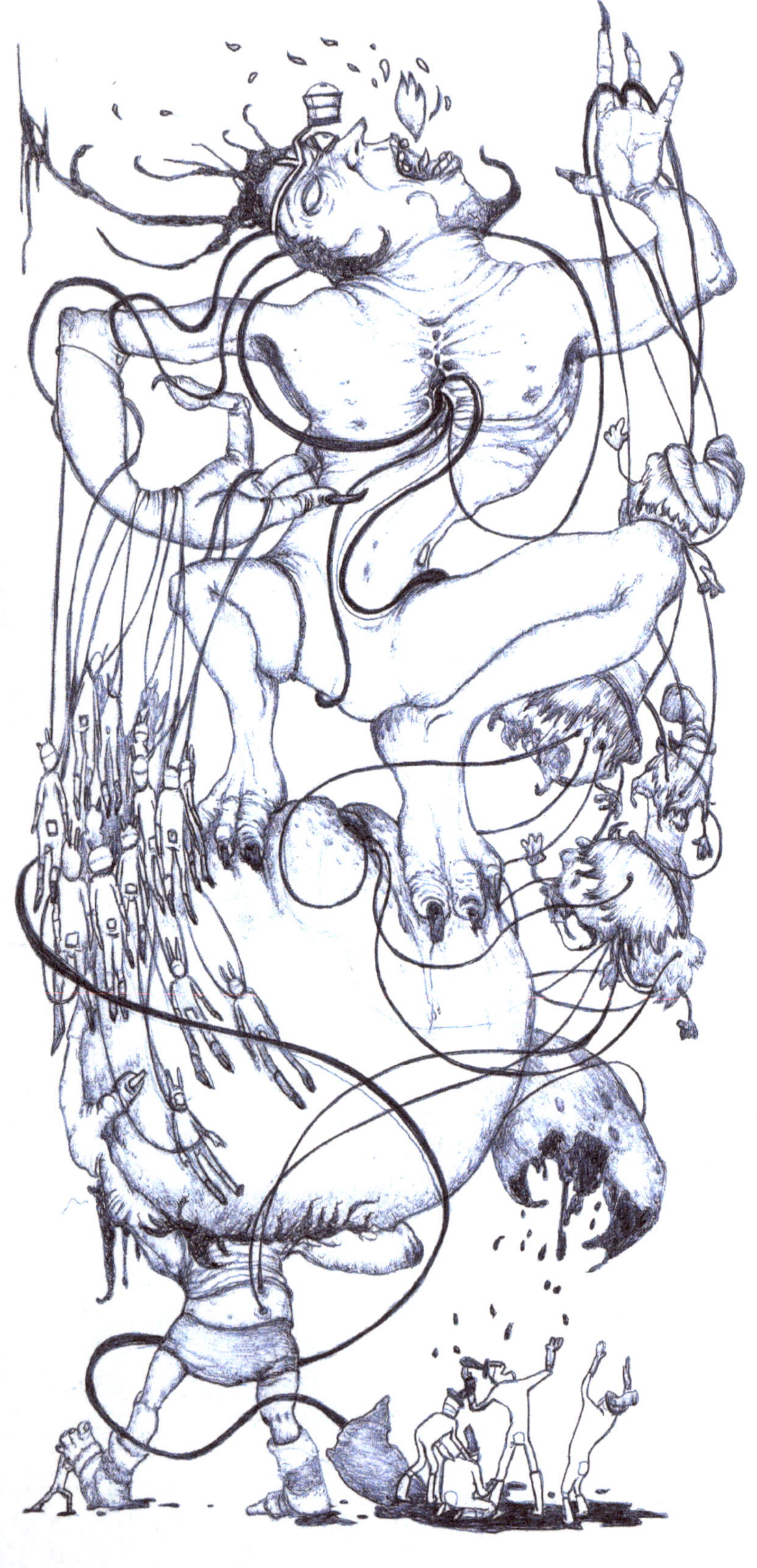

ladera cancion de amór

Encendida erupción sobre suavidad evangélica,
Lo borroso entre la mercadería retorna sobre lo sagrado,
Bellas manifestaciones en esa Ladera Ceréza.

Alegrîa sin animo hacía fría lápida sepulcral,
Aquellos que se alegran por la luz de la mañana usan sombreros largos y rojos,
Para aquellos como nosotros que cantamos con los ojos abiertos, magia .

Tic Tac Tic Tac…

Nubes pesadas marchan en oposición.
Conducimos,
Sin almas.

Enfrentados con enlaces de dos mundos envueltos en la piel ventilada de bebés,
Años sin frenos, sin reglas, con libertad.
Toque de reflejos sensuales, morditas de consultas sexuales.

Cara a Cara,
Sin chocar con espejos,
casa quebrantada, los viejos ganando la canción del amor,
Una hermosa partida pacífica,
Reflejo de paz.

Muro Negro,
Hermosura peligrosa escrita entre cada astilla de ventana rota.
Eternidad piedra cortada, admiración de soledad, la idea de ser entero,
Ginsberg chupando la raíz, su otro yo riéndose.

Cabrones Enfermos!
Penetración trenzada, este lugar angular, aventura condescendiente.
Ser parte de esta exposición,
Antigua erupción por 3's.

Jardín infantíl cubierto de nieve,
al este y más allá,
La bestia adentro.
Quemando Ladera Cereza.

Lighters in the air.

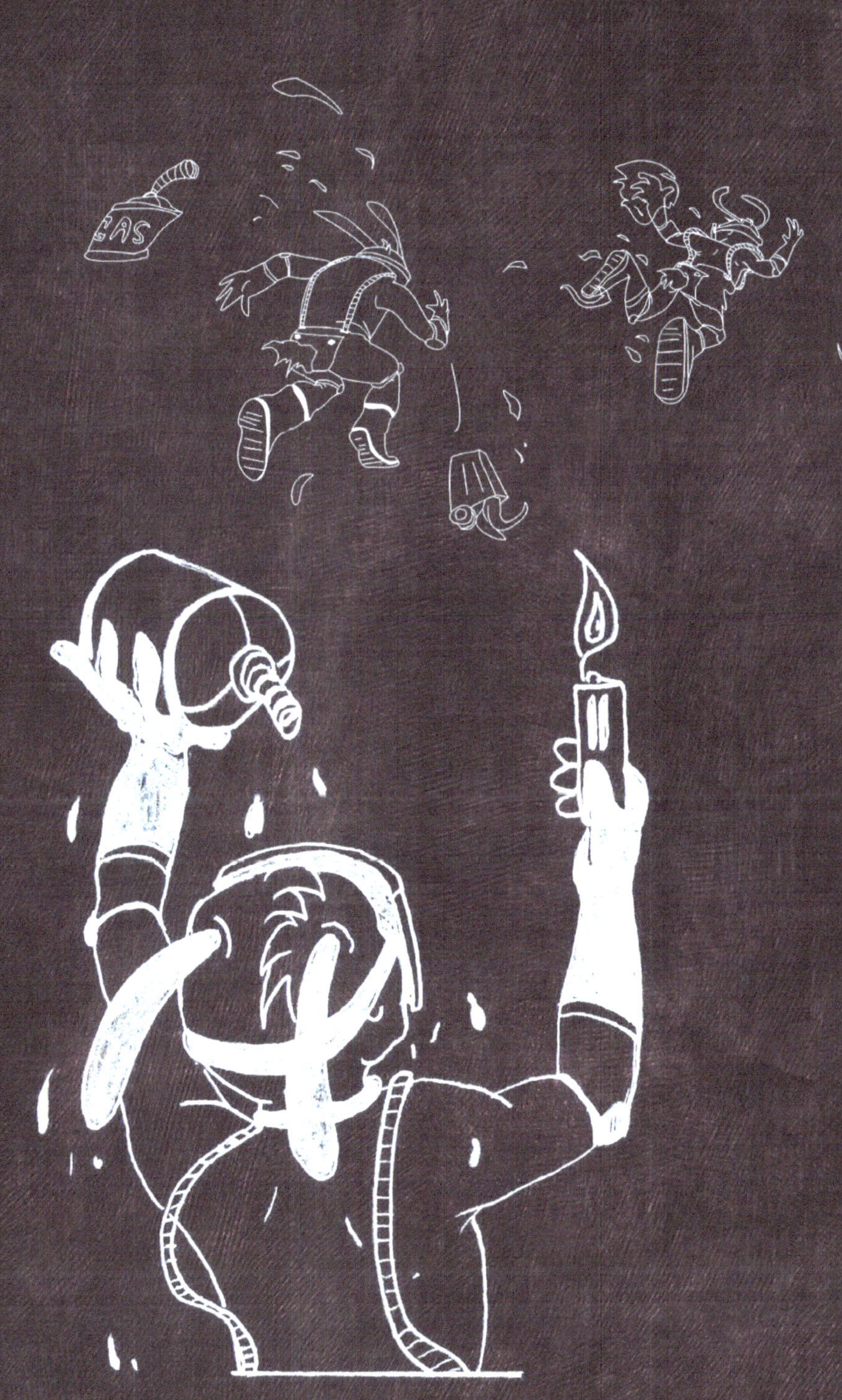
GAS

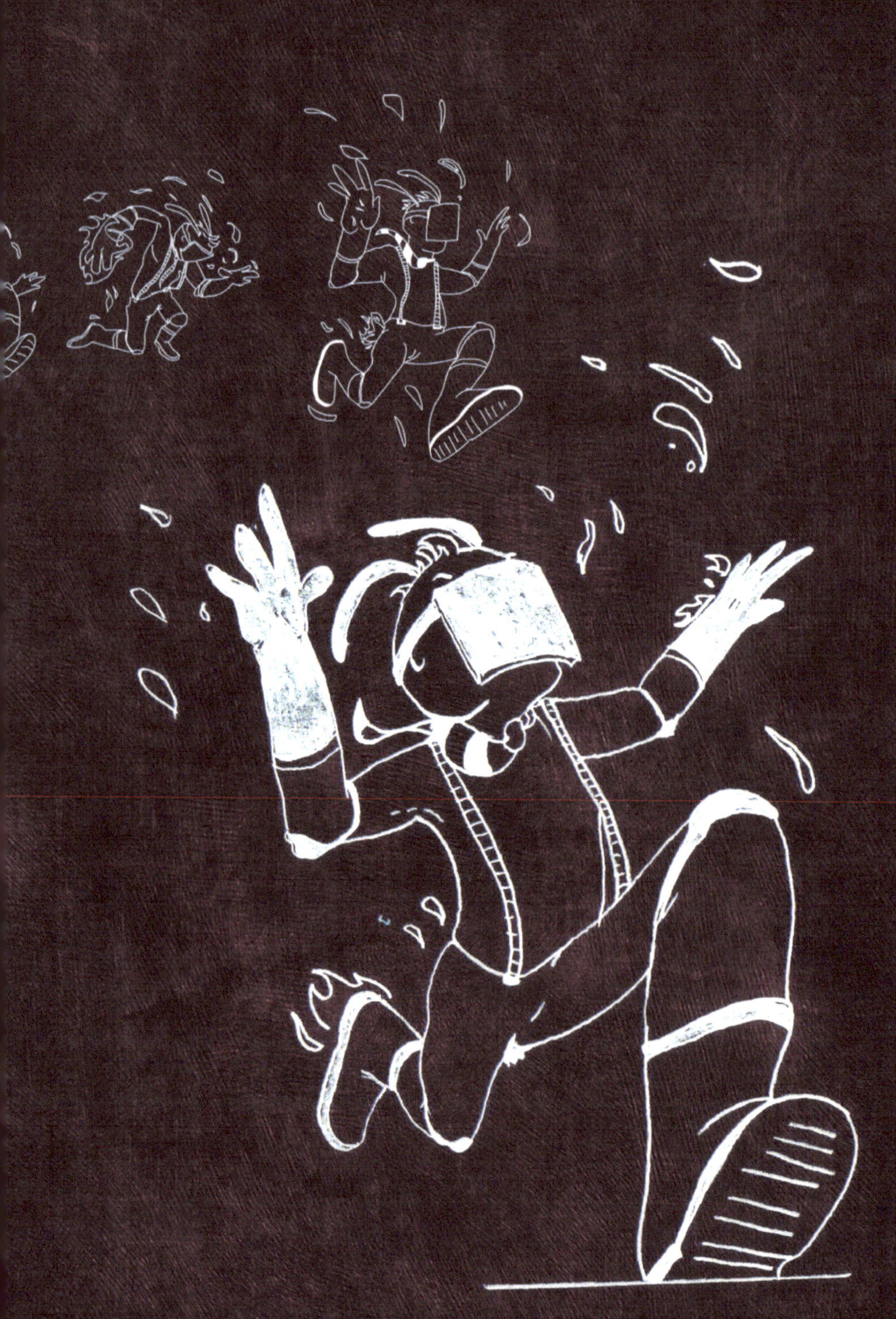

Encendedores al aire.

Encendedores al aire.

burn one

Gallop swiftly down this mountain of fire,
Burning reflections laugh at one another,
This is not hell, yet thy world.

Sanctuary bestowed in ego, every whisper,
We mumble to confuse this devil.
We don't say yes, but we don't say no.
We respond in more of an, "I don't know."

Our hands cupped across the mid-line; heartbeat slows down,
We fall weightless into a vortex of timeless forgiveness,
Eyes pierce at a 360.

Steady Watch.
Carnivores of a mid-century song,
Breath held tight for plan B,

The hills are aflame!
Dance with Us or forever die with Them.

Oblivion of swirls,
Dark Cloud.
Bang that tambourine,
Sunshine, it is not your time.

Cellular connections,
Faceless friendship.
Take the hand,
Mumble, Mumble.

Control without Control,
Just let it be.

Burn Crisp,
Dark Flake,
Pattern the sky.

Be Free,
Be Thee,

Take the torch and burn this hillside with me.

BURN.
BURN.

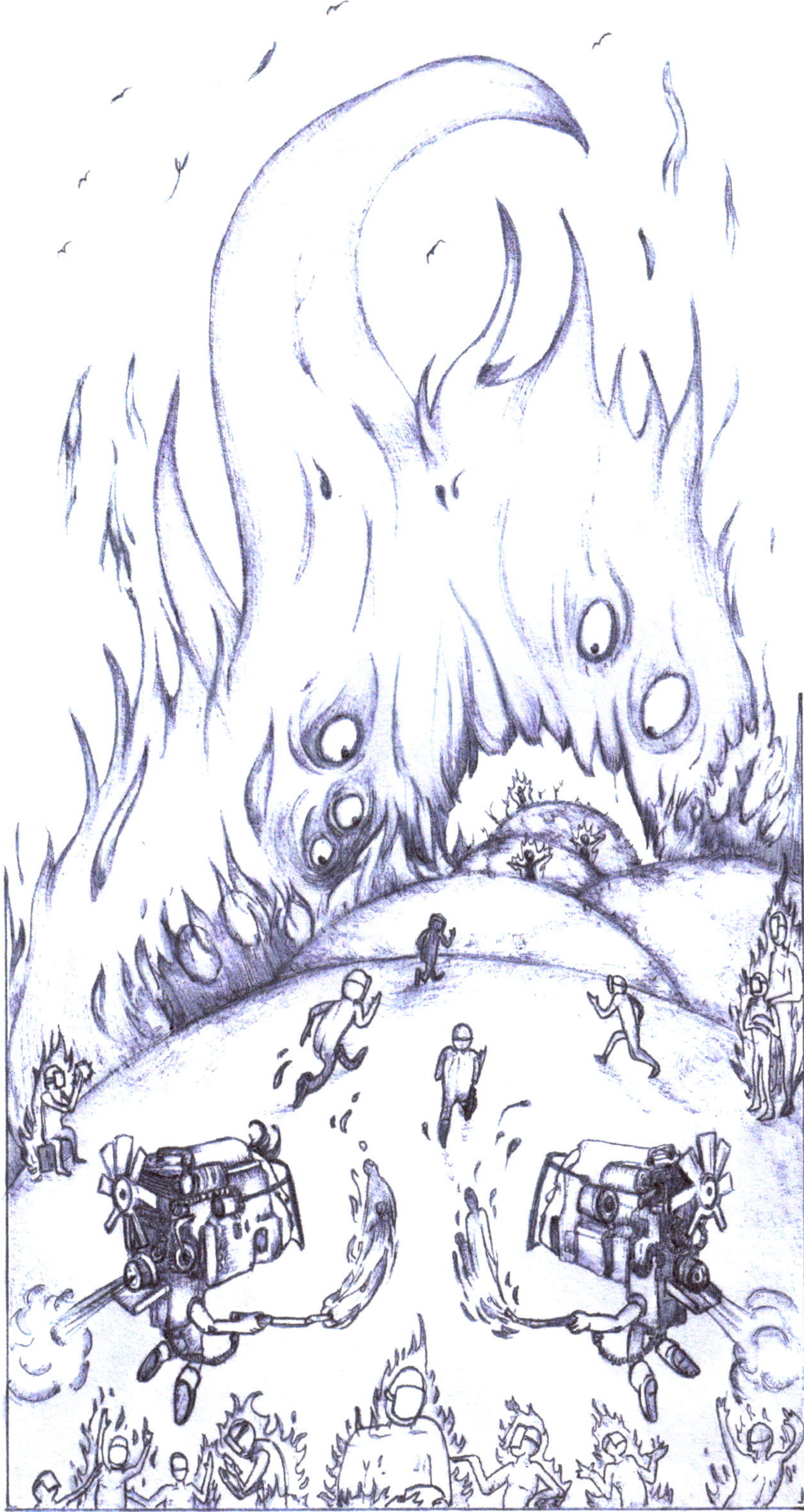

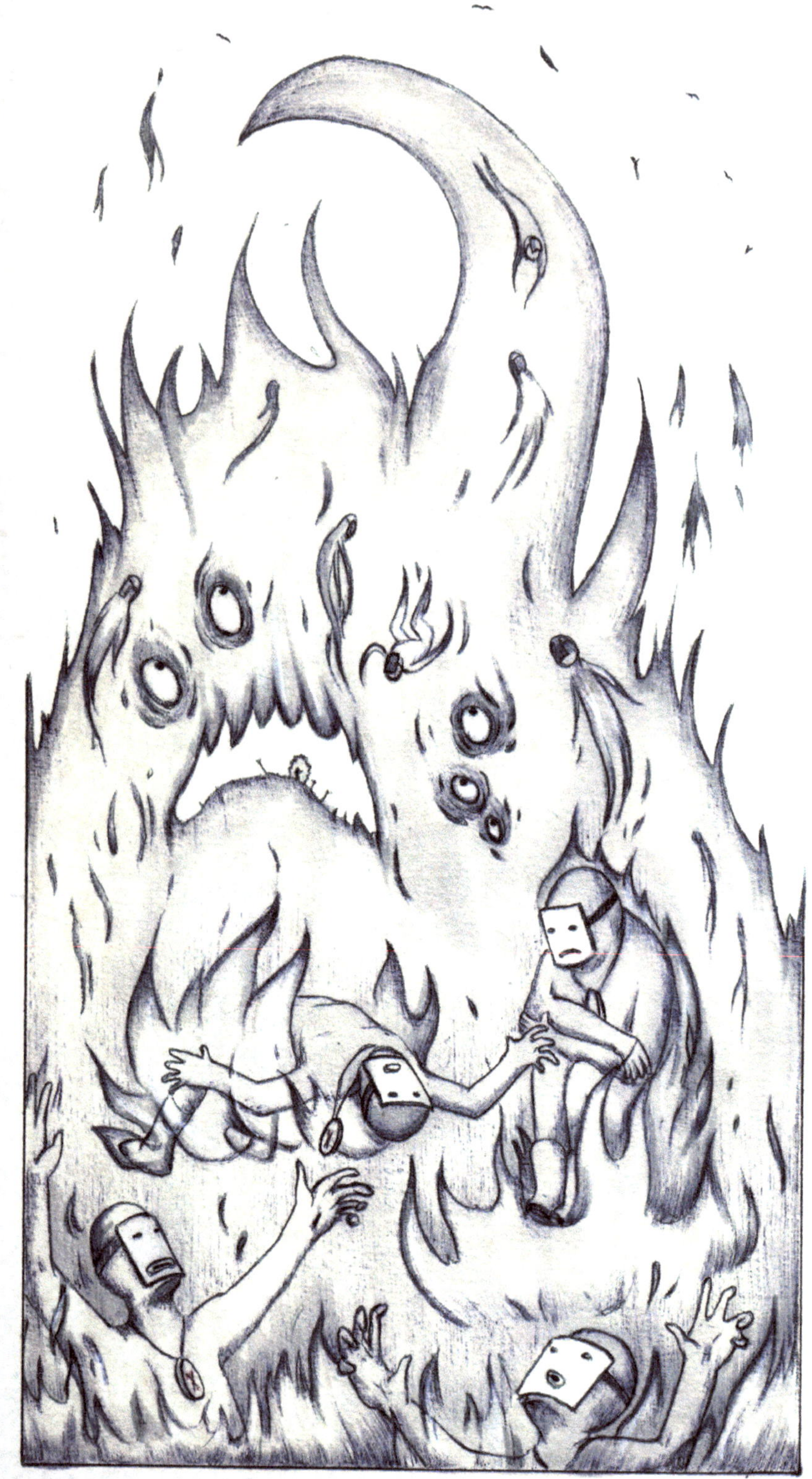

Quemar unO

Galopar rapídamente hacia abajo esta montaña de fuego,
Quemados reflejos se ríen del uno al otro,
Esto no es el infierno, ni tampoco nuestro mundo.

Santuario concedido en cada ego, cada susurro,
Murmuramos por confundir este diablo.
No decimos que si, pero tampoco, no.
Respondemos en mas que un, No sabemos?

Nuestras manos acopadas entra la línea media, más despacío late corazón,
Caemos sin peso en la vórtice de perdón eterno,
Ojos penetra a 360 vuelta entera.

Vigilancia Constante.
Carnívoros de canto medio siglo,
Reteniendo suspiro para el siguiente plan,

Las colinas están en llamas!
Bailar con Nosotros, o por siempre morir con Ellos.

El olvido de los remolinos,
Nubes Negras.
Suena esa pandereta,
Solecito, no es tu tiempo.

Conecciones celular,
Amigos sin caras,
Toma la mano,
Moriríán, Morían.

Control sin Control
Permítele ser.

Hasta lo último, quemado,
Ceniza dibujada sobre el cielo.

Se libre,
Se tu,

Toma la torcha y enciende la colina conmigo.

Quema.
Quema.

burn twO

Escape through slippery slope,
Waterfalls Ahead.
Wake to not be awake on this hill,
Ash to Ash,
Soothing Guilt.
"Ahhhh..."
Chuckle, Chuckle.

BE QUIET!
Concentrate,
Meditate,
The hour will come again.

Prepare our matchbox,
Rally up the gas tank,
Existence through flame; through depth of fire,
Smoke be our guide this morning,

Let's burn the sun down!
Let's burn the sun down!
Let's Burn!!

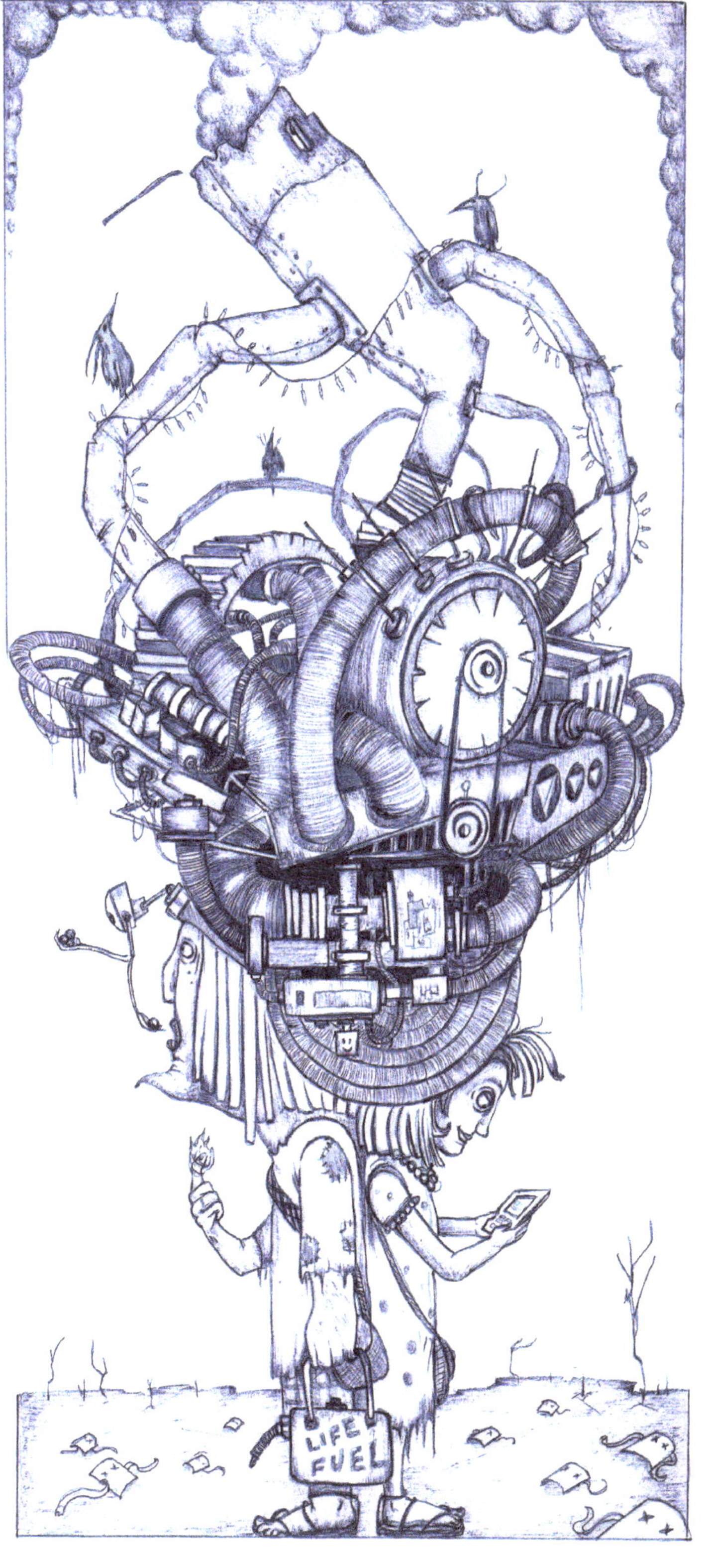
LIFE
FUEL

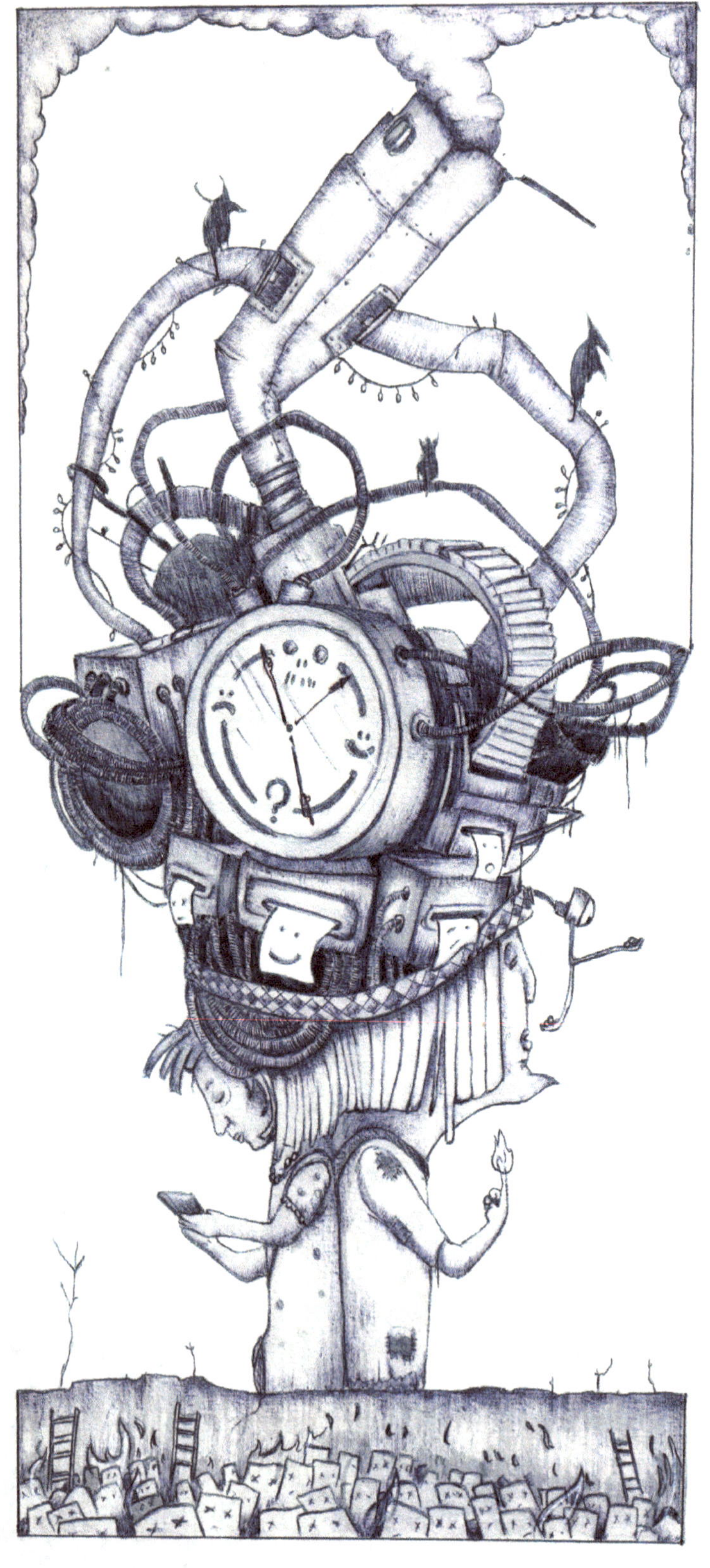

quemar doS

Escapar a través terreno resbaloso,
Cascadas por delante.
Despierta por no despertar En esta colina,
Ceniza ah Ceniza,
Calmante culpa.
“Ahhhh…”
Ríase entre dientes, ríase entre dientes.

SE SILENCIOSO I!
Concéntrate,
Medita,
La hora regresara.

Prepara la caja de cerillos,
Junta el tanque de gasolina,
Existencia entre la llama, entre el fondo de la llama,
Humo se nuestro navegador esta mañana,

“Vamos a quemar el sol abajo!”
“Vamos a quemar el sol abajo!”
“Vamos a quemar.”

Digress Two

Water Dreams

Paper heads that we made last night,
Awaiting.
Scattered around this abandoned playroom, spread eagle
(as they say),
Nude, ready for the night.

No childlike persuasion, passive reflectors,
Dark terror for we may flatline anyone of them.
Any.
At any time.

There's a drip, black and concentrated falling from above,
Our box is A bleeding.
Pooch!, smooch in!
Let us create the ultimate floating device,
"We must survive this century."
This room becomes a tank of sour virtues; paper heads are floating.
"We are floating pooch."

Black substance breaches my lungs,
We begin to remember.

A man came to us in disguise,
Purple hair, beast like nails, no fangs but butter yellow teeth, awful breath.
"Hellooooo?"
As he approached closer and closer.

Heavy gray clouds parting,
A wooden clipboard falls from the sky,
All around ravens,
"Squawk Squawk!"

"What is for sale?", we curiously ask.
"Your future." The mysterious man replies.
Acknowledging our surroundings, we think.

There is a mirror of truth to the east,
A door to disillusion to the west,
A broken window of failure to the south,
And to the north our braking shadow.

"The future, our future?" We reply.
"Yes, yours and your fucking dogs!"
He screams as he ignites in flames,
Just for a second then he is back to his scarce self.
It is normal.

We take a deep breath and reply,
"Out of our love we made a paper heart,
Out of our fear, a paper dagger,
Out of our existence a paper head,
From you we will make a paper dream."

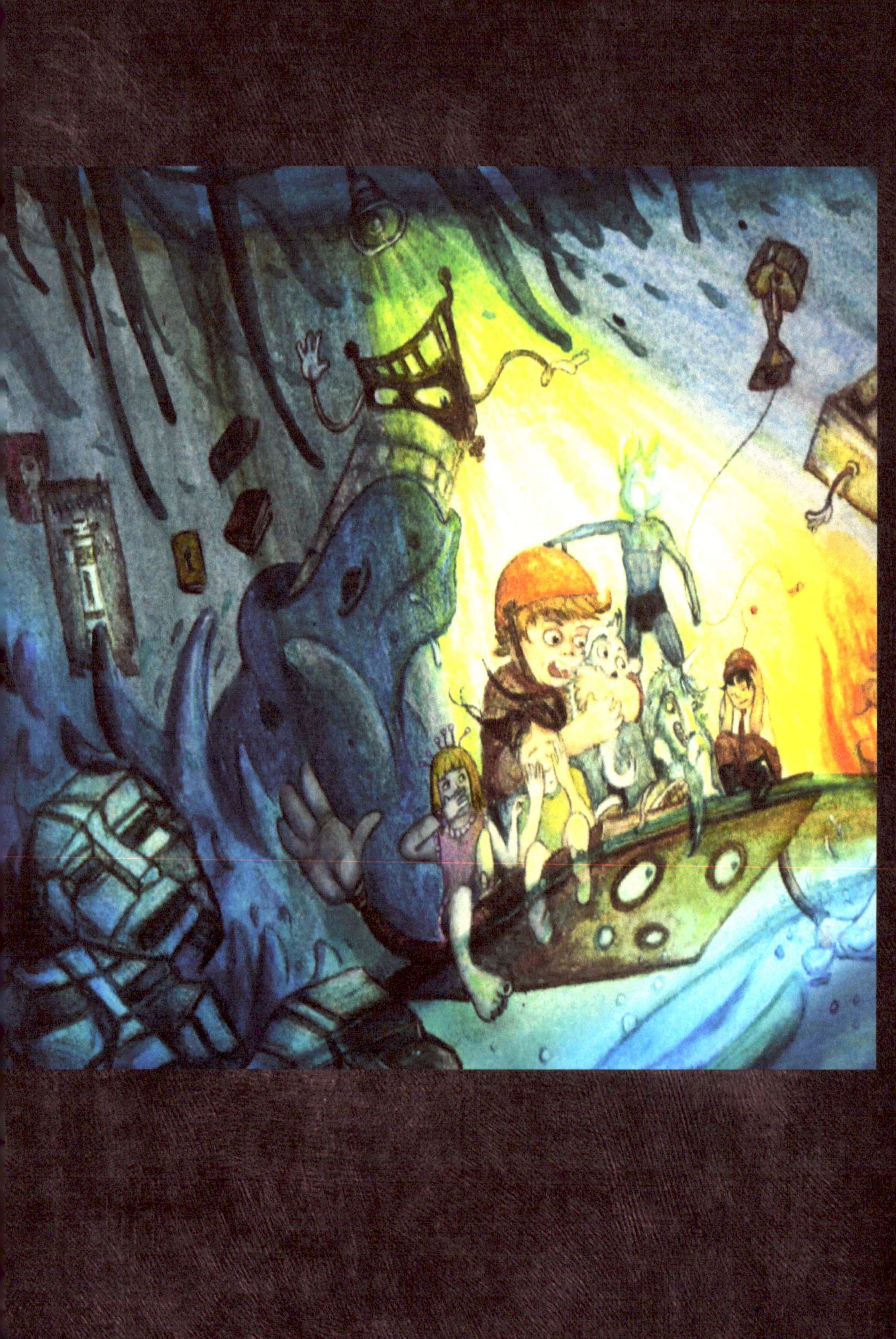

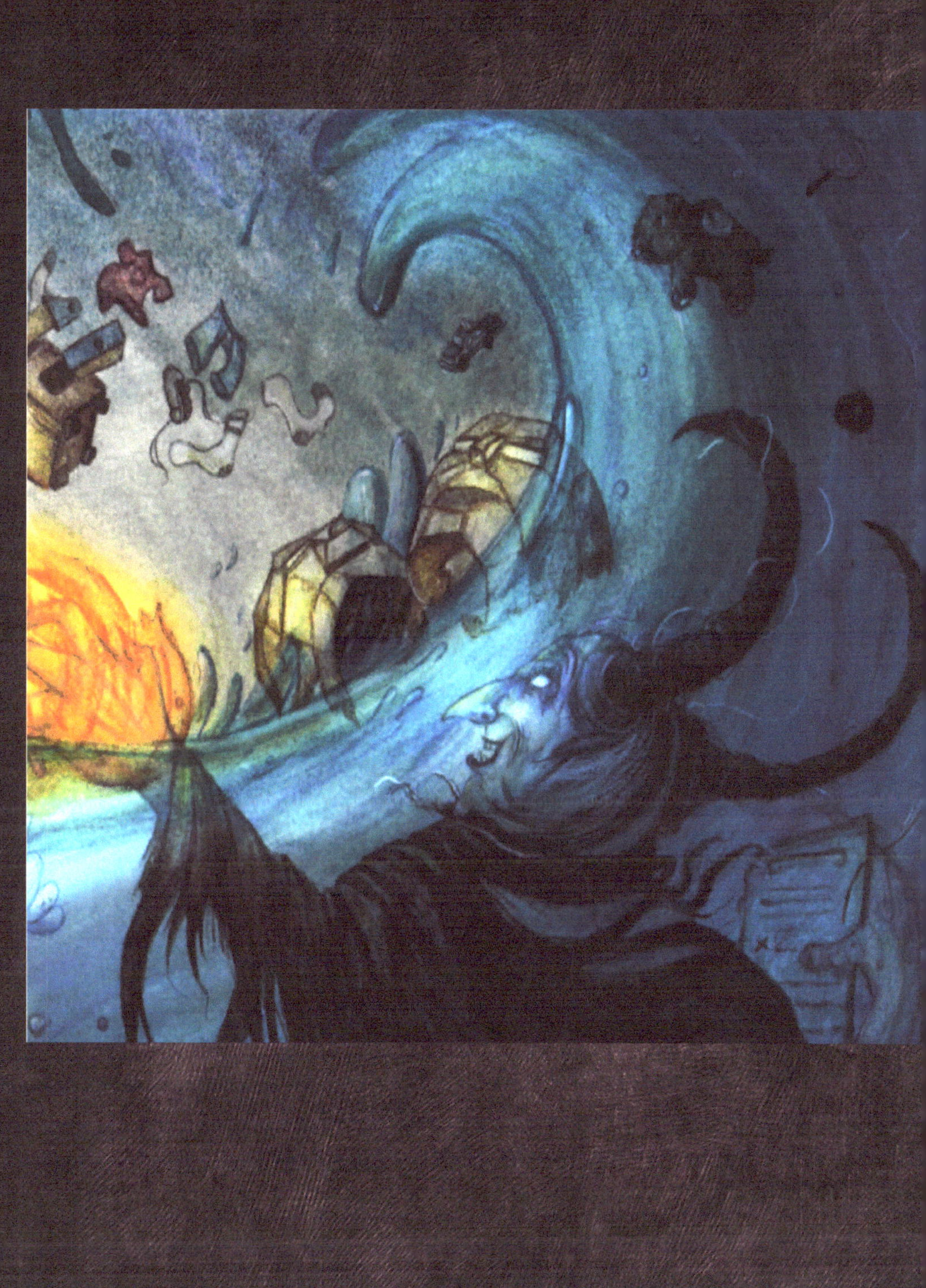

Digresión Dos

Sueños de Agua

Cabezas papel que construimos anoche,
A una espera.
Dispersas en este cuarto de juego abandonado, alas abiertas,
(como se dice),
Desnudos, listos para la noche.
Sin persuasión infantil, pasivos reflectores,
Terror oscuro puede morir cualquiera de ellos.
Cualquiera.
A cualquier tiempo.

Hay un goteo, negro y concentrado cayendo desde arriba,
Nuestra caja está sangrando.
Perro!"Besuqueando!
Creamos el maximo aparato flotante para sobrevivir este siglo,
Este cuarto convertido en tanque de agrias virtudes, cabezas papel flotando.
"Nosotros, flotando, perro."

Sustancia negra viola mis pulmones,
Comenzamos a recordar.

Un hombre disfrazado se acercó,
Cabello morado, uñas de bestia, sin colmillos pero dientes amarillos como la mantequilla, terrible aliento.
"Holaaaaaa?"
se acerco mas y mas.

Nubes pesadas grises se apartan,
Una tablilla cae del cielo,
al alrededor los cuervos,
"Cuaaa Cuaaa!"

"Que está a la venta?" preguntamos curiosamente.
"Tu Futuro!" responde el hombre misterioso.
Reconociendo nuestros alrededores, pensamos.

Hay un espejo de la verdad al este,
Una puerta de desilusión al oeste,
Una ventana rota de fracaso hacia el sur,
Y al norte nuestra sombra rota.

"El Futuro, Nuestro Futuro?" respondemos.
"Sí, el tuyo y el de tus pinche perros!"
Nos grita y se enciende en llamas,
Sólo por un segundo el regresa a su escasa apariencia,
Es normal.

Tomamos un profundo respiro y respondemos,
"De nuestro amor creamos un corazón de papel,
De nuestro miedo, un daga de papel,
De nuestra existencia cabeza de papel,
De usted haremos un sueño de papel."

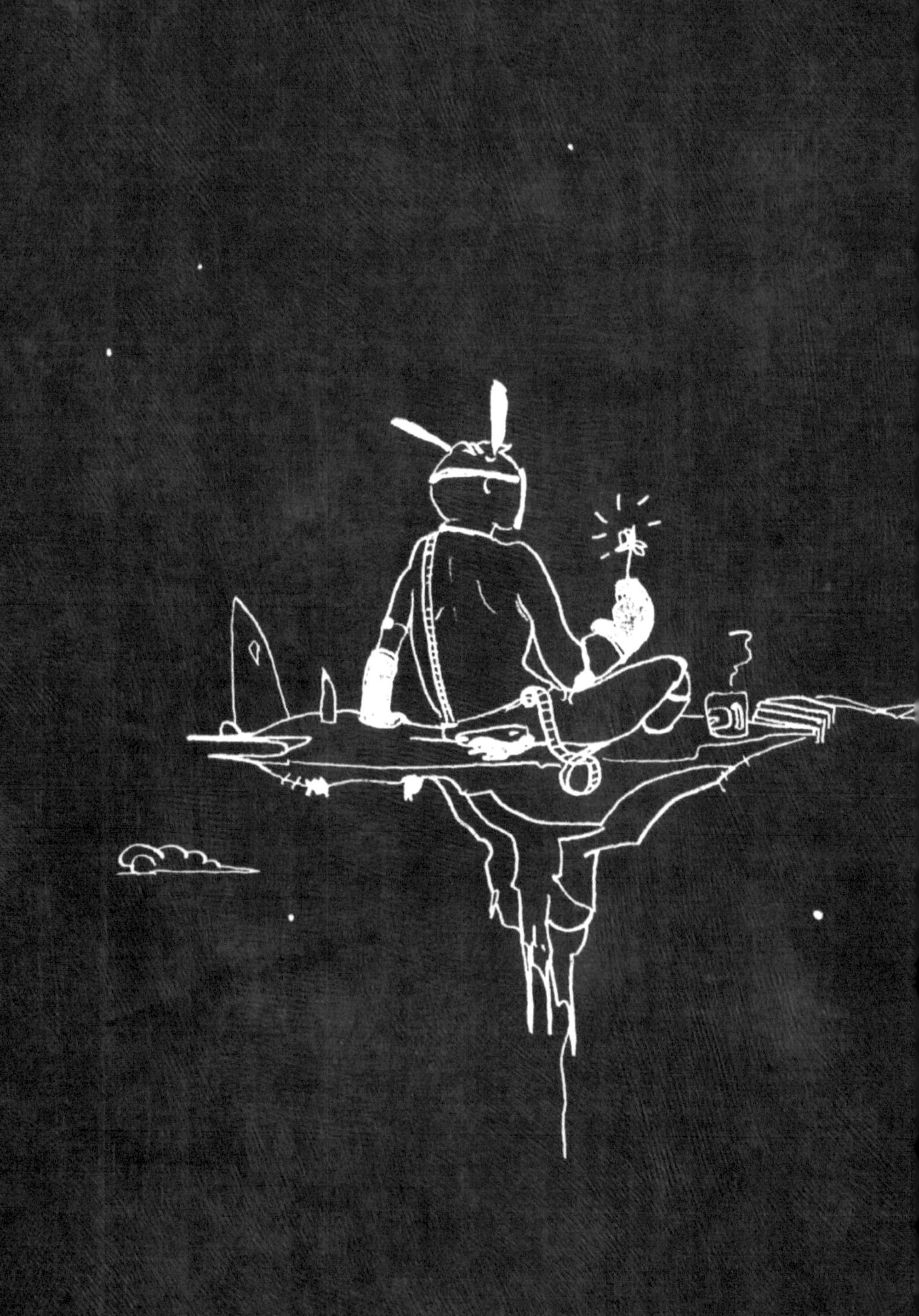

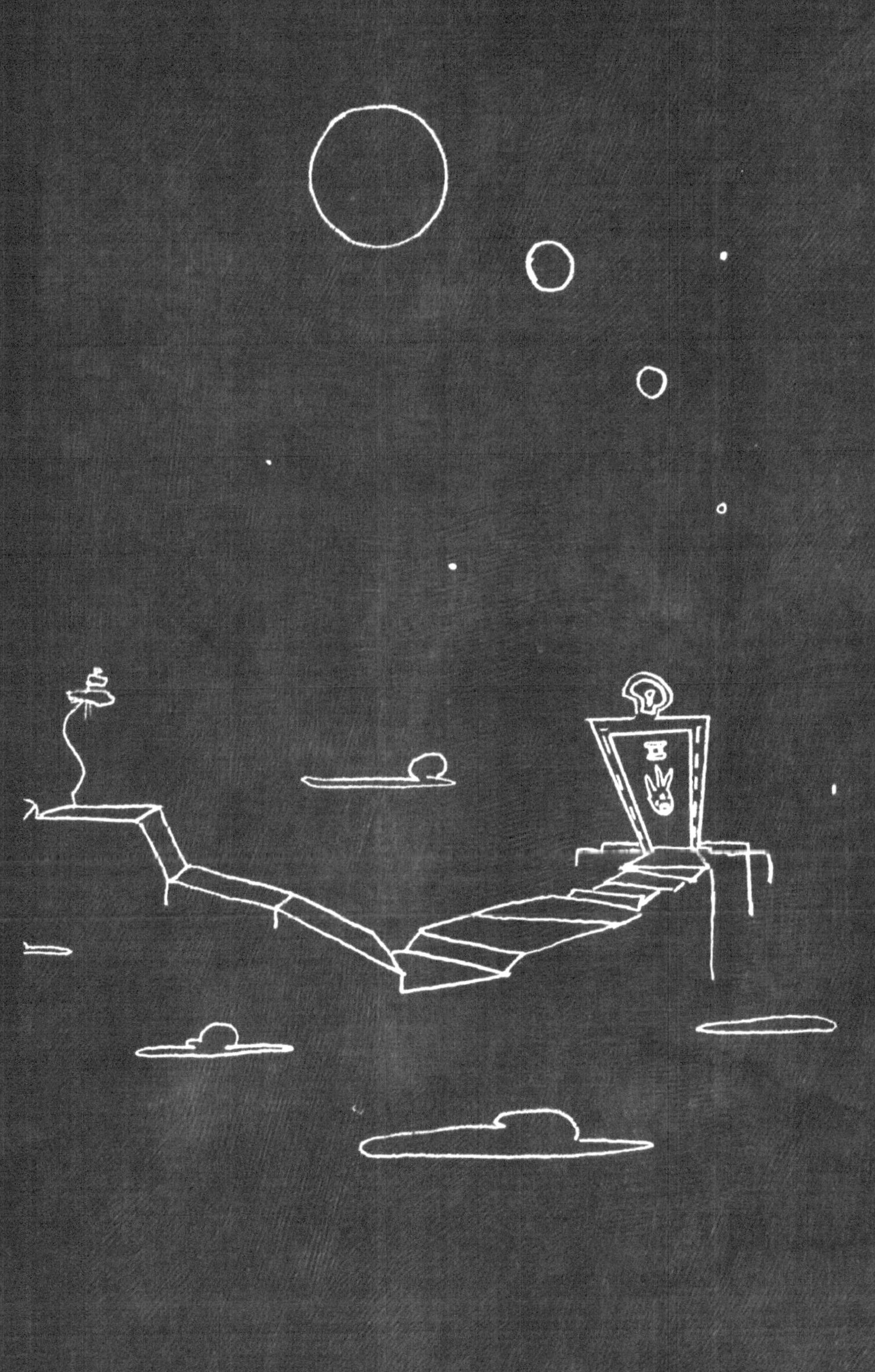

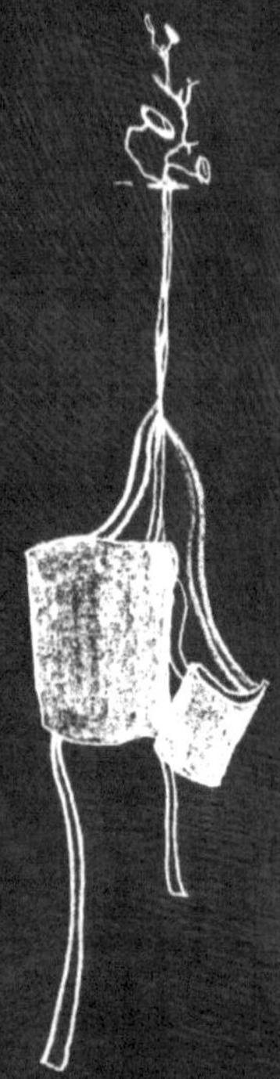

the end

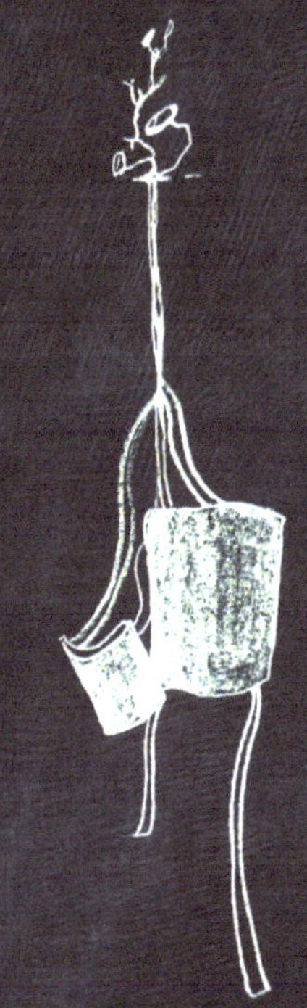

el fin

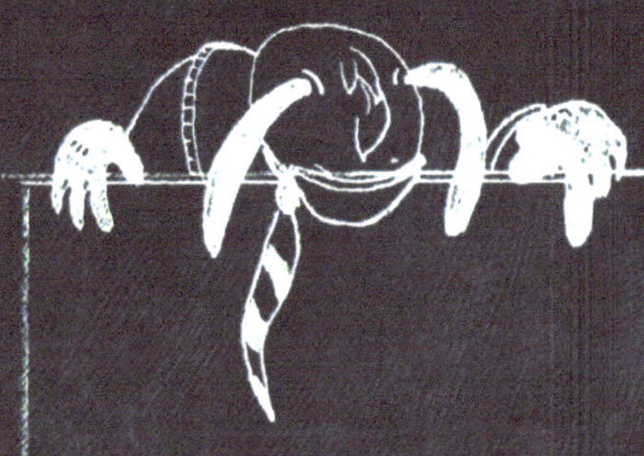

thoughts/pensamientoS V.1

created by - creado por

JASSER J MEMBRENO

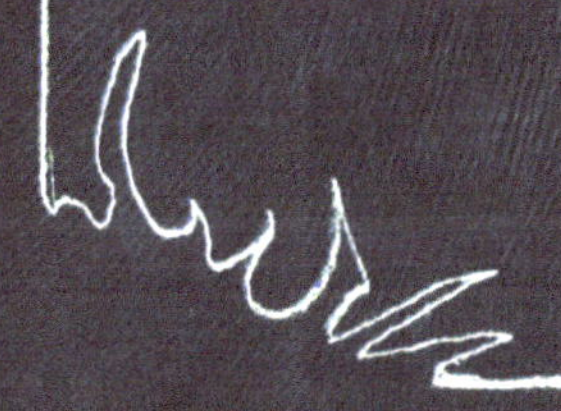

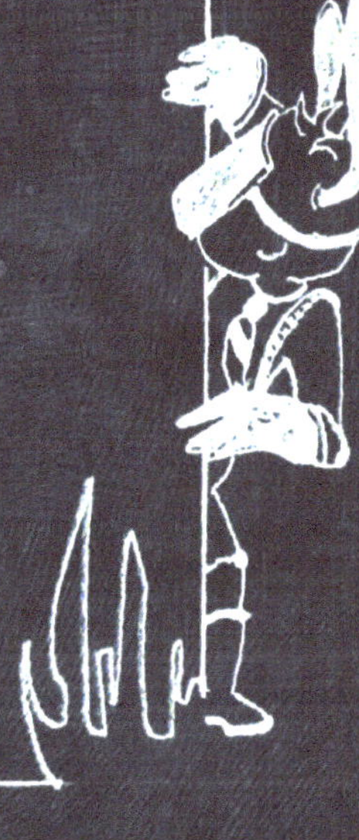

translation/traducción

Gloria Alvarez Hernandez
Jasser Membreno

introduction/introducción

Maria Elena Fernandez

copy edit/edito de palabra

Xochitl Cordova
Jeff Buchanan

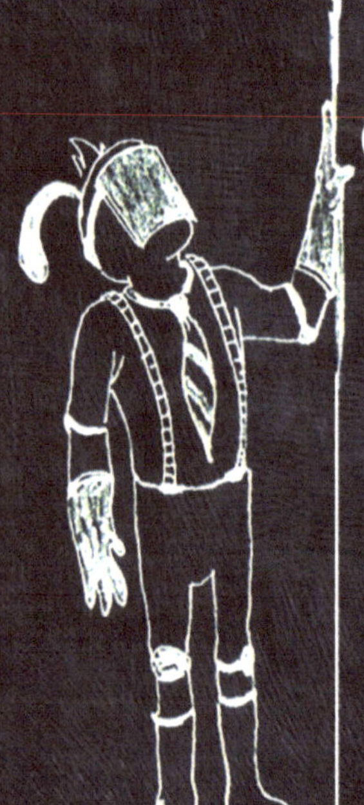

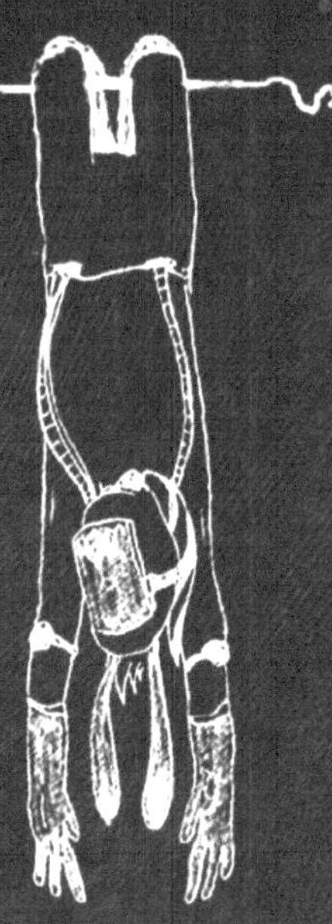

additional graphic design / graphico deseño adicional

Cameron Charles

photographer / fotógrafo

Stephen Unger

Support/apollO

Will Kim, Xochitl Cordova Andres Salaf, Andrea Villafane, Jaime Howard, Lesley Crespo,
Keira Membreno, Rachel Weir,
Betty Lee, Alain Membreno, Janesy Membreno,
Carolyn Barahona,
Rosa and Gary Ethrich, David Gallardo, Olga Cordova, Karla Reyes, William Landeros, Cinthia Garcia, Leticia Austin, Jin kyu Ahn, Dan Doll, Caroline Foley,
Lanette Alarcon, Eric Enriquez, Carly White, Travis Winn, Tomas Marroquin, Maria Cedillo, Luiz Ricardo.

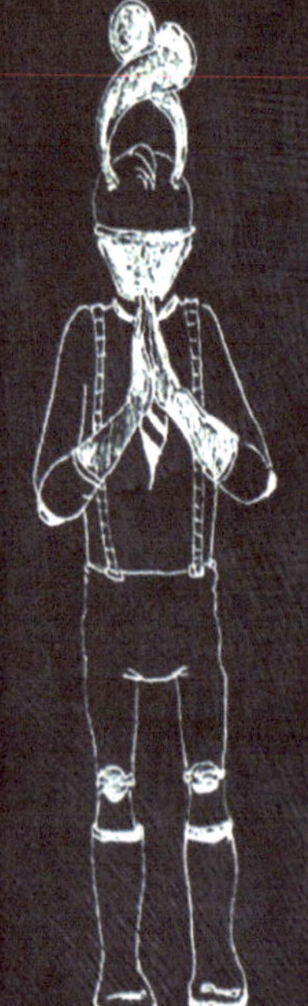

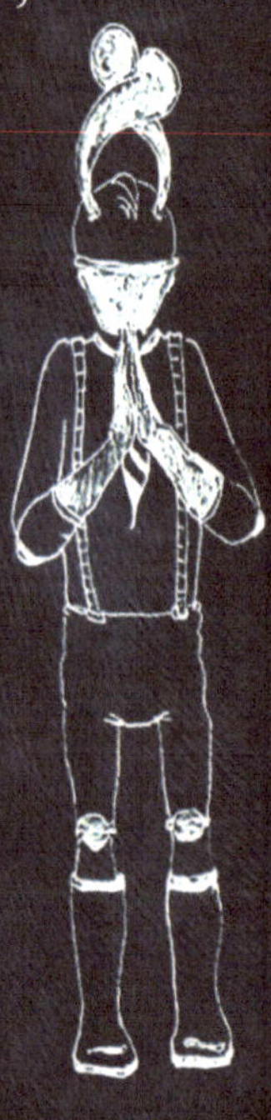

Special thanks /gracias especial

Mom/Dad / Mama/Papa
Family/Friends / Familia/Amigos

Mentors / Maestros
Leo F. Hobaica Jr.
Amy Danger

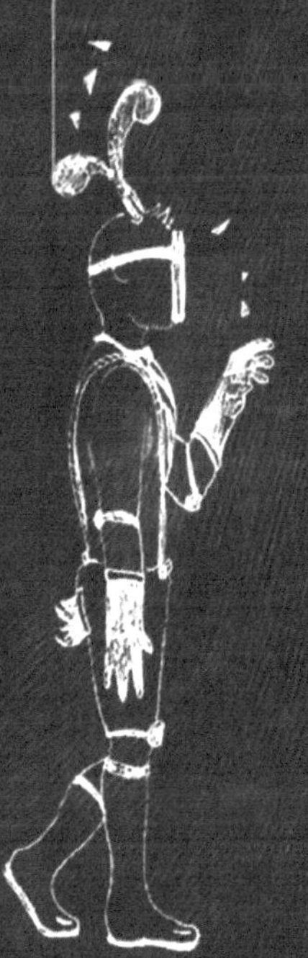
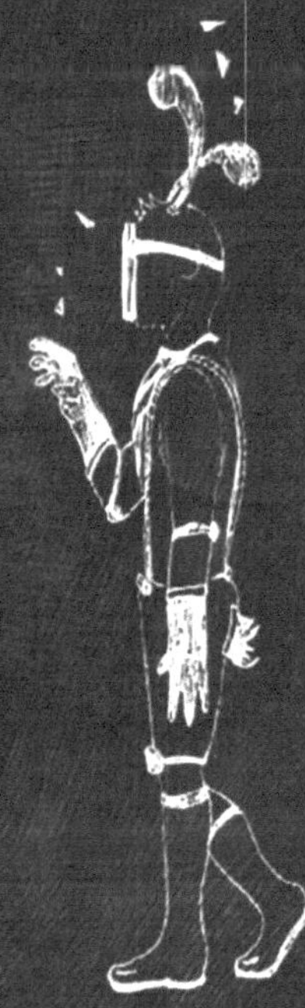

dedicated/dedicadO

to/a

Alejandra Peña

12/1980 - 08/2006

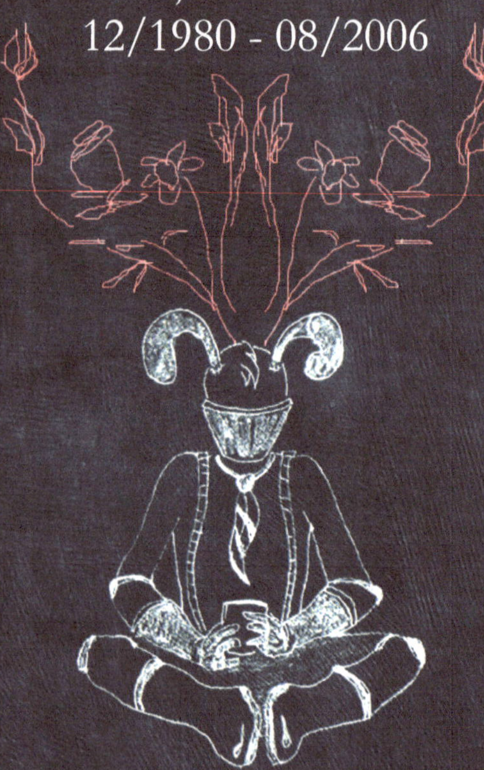

ABOUT THE AUTHOR

With so many digital tools available now, there are alot of people who call themselves artists. But the simple reality is: true artistic skill has only ever been given to a select few;

Jasser Membreno is one of them.

With an incredible facility for drawing and painting; he creates a moment; in world of his own devising. His work is figurative and fantastically; the landscapes, buildings and objects live simultaneously in the past present and future, of a world full of decay, mystery and invention. Within that scene, you will often find a figure; vaguely human, certainly emotional. His boundless imagination makes it inevitable that one medium can't contain his prolific output, and takes him across many borders: his drawing and paintings extend their narrative qualities into actual prose and poems he writes, into writing and animating his own films and his sculpture works extend his vocabulary into the real world. The one-man and group shows of his work have made him a sought-out talent for commissions and cross-overs into the entertainment industry.

Since graduating from Cal Arts with a degree in Animation, and co-creating a company, CineNovel, he has worked professionally across many platforms, including feature films, music videos, commercials, video games, animated and live action shorts, developing apps and graphic design work.

SOBRE EL AUTOR

Con tantas herramientas digitales disponibles ahora, hay un montón de personas que se llaman a sí mismos artistas. Pero la simple realidad es: la verdadera habilidad artística siempre solamente ha sido dada a unos pocos;

Jasser Membreno es uno de ellos.

Con una facilidad increíble para el dibujo y la pintura; crea un momento; en la concepción de su propio mundo. Su obra es figurativa y fantásticamente; los paisajes, edificios y objetos viven simultáneamente en el pasado presente y futuro, de un mundo lleno de decadencia, misterio e invención. Dentro de esa escena, usted encontrará a menudo una figura; vagamente humana, ciertamente emocional. Su imaginación sin límites hace que sea inevitable que un medio no pueda contener su prolífica producción, y lo lleva a través de muchas fronteras: su dibujo y pintura extienden sus cualidades narrativas en prosa actual y poemas que escribe, a escribir y animar sus propias películas y sus obras de escultura amplían su vocabulario en el mundo real. Los espectáculos unipersonales y de grupo de su trabajo lo han hecho un talento codiciado por comisiones y cruces en la industria del entretenimiento.

Desde que se graduó de Cal Arts con una licenciatura en animación, y la co-creación de una empresa, CineNovel, ha trabajado profesionalmente en muchas plataformas, incluyendo películas, música videos, comerciales, videojuegos, animación y cortos de acción en vivo, desarrollando aplicaciones y trabajos de diseño gráfico.

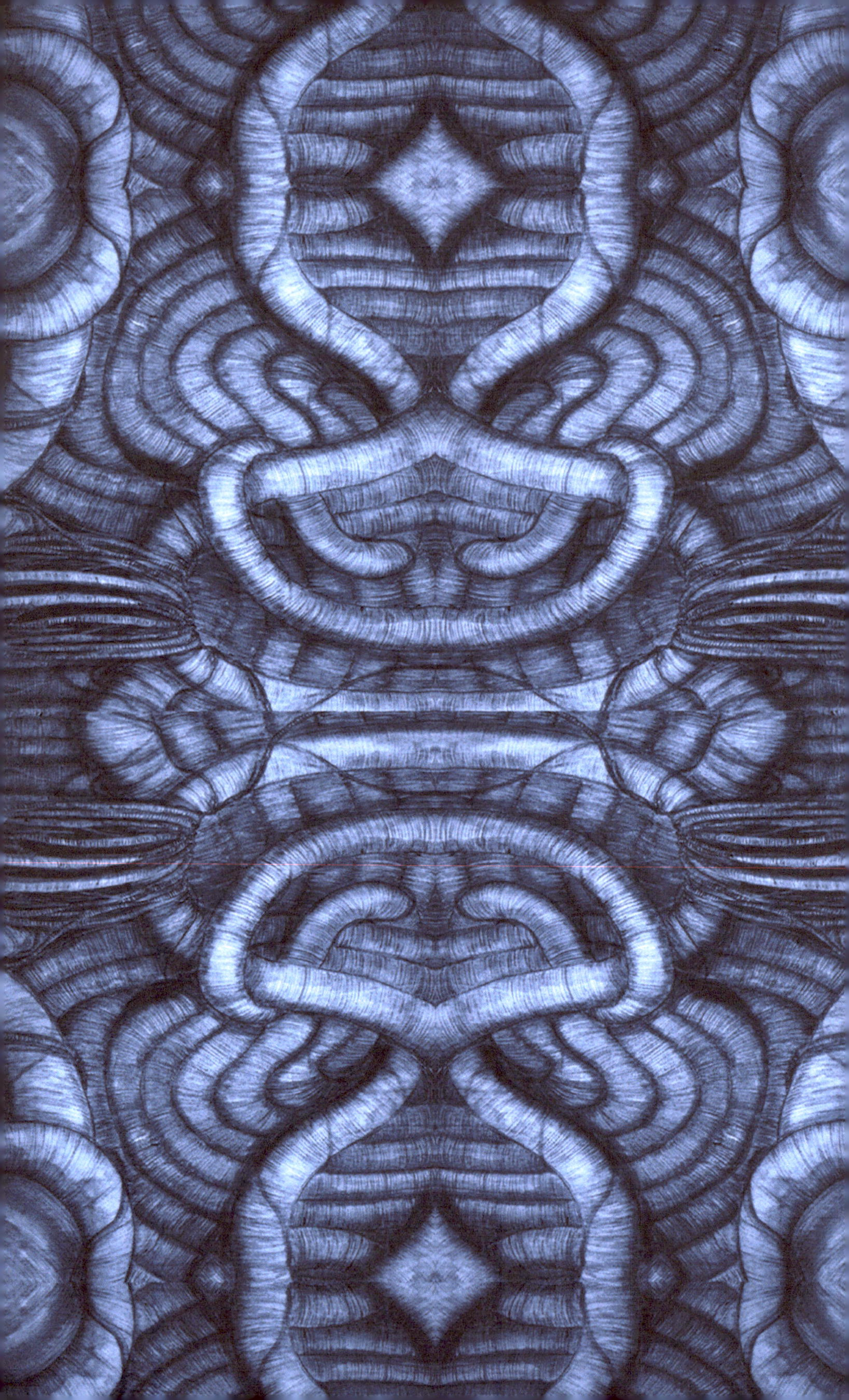

www.ingramcontent.com/pod-product-compliance
Lightning Source LLC
LaVergne TN
LVHW052306100826
845147LV00006B/684

* 9 7 8 0 9 9 6 9 2 7 9 1 8 *